BEI GRIN MACHT SICH IHR
WISSEN BEZAHLT

- Wir veröffentlichen Ihre Hausarbeit,
  Bachelor- und Masterarbeit

- Ihr eigenes eBook und Buch -
  weltweit in allen wichtigen Shops

- Verdienen Sie an jedem Verkauf

**Jetzt bei www.GRIN.com hochladen
und kostenlos publizieren**

Anonym

Spracherwerbprobleme von MigrantInnen in der Schule und pädagogisch-diagnostische Verfahren zur Sprachstandsfeststellung als Vorbereitung für Sprachfördermaßnahmen

GRIN Verlag

Bibliografische Information der Deutschen Nationalbibliothek:

Die Deutsche Bibliothek verzeichnet diese Publikation in der Deutschen National-
bibliografie; detaillierte bibliografische Daten sind im Internet über http://dnb.d-
nb.de/ abrufbar.

Impressum:

Copyright © 2014 GRIN Verlag GmbH
Druck und Bindung: Books on Demand GmbH, Norderstedt Germany
ISBN: 978-3-656-84143-2

Dieses Buch bei GRIN:

http://www.grin.com/de/e-book/283905/spracherwerbprobleme-von-migrantinnen-
in-der-schule-und-paedagogisch-diagnostische

GRIN - Your knowledge has value

Der GRIN Verlag publiziert seit 1998 wissenschaftliche Arbeiten von Studenten, Hochschullehrern und anderen Akademikern als eBook und gedrucktes Buch. Die Verlagswebsite www.grin.com ist die ideale Plattform zur Veröffentlichung von Hausarbeiten, Abschlussarbeiten, wissenschaftlichen Aufsätzen, Dissertationen und Fachbüchern.

Besuchen Sie uns im Internet:

http://www.grin.com/

http://www.facebook.com/grincom

http://www.twitter.com/grin_com

Thema der Zulassungsarbeit:

Probleme des Erwerbs von Deutschsprachkompetenzen bei
MigrantInnen in der Schule und pädagogisch-diagnostische Verfahren
zur Sprachstandsfeststellung als Vorbereitung für individuelle
Sprachfördermaßnahmen

I. Inhaltsverzeichnis

1. Einführung

„Fast ein Fünftel der deutschen Bevölkerung hat einen Migrationshintergrund. Bei den jungen Menschen, die in die Schule kommen, haben sogar mehr als die Hälfte der Schülerinnen und Schüler einen Migrationshintergrund. [...] Wir wollen natürlich, dass die Menschen mit Migrationshintergrund von Anfang an der Schule folgen können. Deshalb ist es mehr als richtig, dafür Sorge zu tragen, dass jeder junge Mensch, der in die Schule kommt, auch wirklich den Lehrer versteht, also so viele Deutschkenntnisse hat, die notwendig sind, um in der Schule mitzukommen. Ganz wichtig sind hierbei für junge Menschen mit Migrationshintergrund deswegen der Ausbau von Kindertageseinrichtungen, die Sprachförderung in Tageseinrichtungen und die Forschung zur Sprachstandfeststellung. [...] Denn wir

3

können auf kein einziges Talent, auf keinen Menschen in unserer Gesellschaft verzichten."[1]

In ihrer Rede vom Oktober 2007 machte die Bundeskanzlerin Angela Merkel in Bezug auf die Notwendigkeit der Integration von Menschen mit Migrationshintergrund deutlich, dass diese Aufgabe eine besonders große Herausforderung ist, welche in den letzten Jahrzenten mal mehr und mal weniger gut bewältigt wurde, dies nun aber am Anfang des 21. Jahrhunderts endlich unausweichlich mit ihren Chancen und Risiken erkannt und umgesetzt werden muss. Sie betont, wie immens bunt die Bevölkerung und deren Sprachen sind und wie wichtig es daher ist die Förderung frühzeitig in die Wege zu leiten. Auch in Deutschland ist im Verlaufe einer weitreichenden Einwanderungsgeschichte, die mit ökonomischen Gründen und Interessen verbunden war, eine bunte Gesellschaft entstanden. In den sechziger Jahren kamen in mehreren Wellen Migranten nach Deutschland. Die deutsche Bevölkerung nahm diese Migranten anfangs nicht so bewusst wahr, aber mit der Zeit wurden sie zu einer unbestreitbaren Faktizität. Außerdem betrachtete man diese Gastarbeiter als Arbeiter beziehungsweise als Arbeitskräfte und erst allmählich bemerkte man, dass es sich um auch um Menschen mit einer bestimmten Situation und ihren Problemen handelte. Max Frisch beschrieb dies 1965 prägnant mit dem Ausspruch „Wir riefen Arbeiter, es kamen Menschen".[2] Man begann zu akzeptieren, dass diese ihren eigenen, anderen geschichtlichen, kulturellen und sprachlichen Hintergrund haben und dennoch in Deutschland integriert werden sollten, schon im jüngsten Alter und somit in den staatlichen Institutionen. Wie viele unterschiedliche Nationalitäten es in Deutschland heutzutage gibt und dass diese Integration noch immer nicht ganz gelingt und sich daher damit der Umgang miteinander sich verändern muss, zeigt sich am Beispiel der Institution Schule bzw. den Ergebnissen der PISA-Studien.[3]

---

[1]Merkel, Andrea: Rede beim internationalen Symposium „Integration durch Bildung". Berlin, 2007 http://www2.hu-berlin.de/francopolis/germanopolis/db/sisdb.cgi?ID=1728&db=dt&login=Gast&pers=Griesel&pw=guest&userid=guest&view_records=1&ww=onru&lang=it, aufgerufen am 15.08.2014 um 17.16Uhr.
[2]http://www.spiegel.de/fotostrecke/gastarbeiter-wir-riefen-arbeitskraefte-und-es-kamen-menschen-fotostrecke-74565-2.html aufgerufen am 13.08.2014.
[3]Vgl. Deutsches PISA-Konsortium (Hrsg.): PISA 2000. Basiskompetenzen von Schülerinnen und Schülernim internationalen Vergleich. Opladen 2001. S. 340.

Aber nicht nur *PISA-Studien* zeigen offenkundig, dass eine Verbesserung des deutschen Bildungssystems von Nöten ist, um annähernd gleiche Chancen für ausländische Kinder zu ermöglichen und Integration in der Gesellschaft gelingen zu lassen.[4]

Für eine gelungene Integration und den Bildungserfolg jedes einzelnen Menschen sind sprachliche Fertigkeiten unumgänglich. Daher hat eine genauere Betrachtung und Untersuchung des Aspektes dieser sprachlichen Fertigkeiten durchaus seine Daseinsberechtigung und so soll das Thema der vorliegenden Arbeit „Probleme des Erwerbs von Deutschkompetenzen bei MigrantInnen in der Schule und pädagogisch-diagnostisches Verfahren zur Sprachstandfeststellung als Vorbereitung für individuelle Sprachfördermaßnahmen" lauten.

Hier soll zwischen Pädagogik und pädagogischer Diagnostik unterschieden werden, da das eine das andere zwar bedingt, aber die Diagnostik jedoch die folgenreiche Veränderung der Bildungsunterschiede für mehrsprachige Kinder bedeuten kann. In dieser Arbeit wird daher der Diagnostik eine bedeutsame Rolle zugeschrieben. Die Diagnostik bildet gewissermaßen den Grundstein für die im Idealfall darauffolgende, verbesserte Pädagogik. Für ein wissenschaftliches Vorgehen ist es notwendig zunächst Informationen und Fakten zusammenzutragen, welche einen grundlegenden Rahmen schaffen. So wird die Situation der Schülerinnen und Schüler (im Weiteren abgekürzt: SuS) mit Migrationshintergrund im deutschen Bildungswesen dargelegt und dabei beispielsweise auf die Studien von *PISA* (Programme for International Student Assessment) und *IGLU* (Internationale Grundschul-Lese-Untersuchung), sowie Berichte und Daten des *Statistischen Bundesamtes* eingegangen. Es soll somit ein Überblick über die Bildungschancen und deren möglichen Erfolg von Kindern mit Migrationshintergrund im Elementar-, Primar- und Sekundarbereich gewonnen werden. Hierbei liefern insbesondere Diefenbach und Gomolla mit ihren Forschungsansätzen Erklärungsversuche, warum Kindern mit Migrationshintergrund Schulerfolge häufiger fehlen.

---

[4]Vgl. Herwartz-Emden, L.: Einwandererkinder im deutschen Bildungswesen, In: Cortina, K-S./Baumert, J. et al. (Hrsg.): Das Bildungswesen in der BRD, Hamburg 2003, S. 661.

Auf Grundlage dieser Erklärungsversuche für Bildungsbenachteiligungen sollen anschließend Sprachstandsfeststellungsverfahren veranschaulicht werden, denn nur mit deren Hilfe ist es möglich, diese Defizite zu verringern und eine individuelle Förderung anzubieten. Zukünftige Förderungsmaßnahmen greifen jedoch nur, wenn sie individuell angepasst, zielgerichtet und möglichst früh diagnostiziert angewandt werden, um den jeweiligen Entwicklungsstandes der SuS gerecht zu werden, sodass hier diese Begriffe geklärt werden müssen. Es sollen aber auch Sprachstandsfeststellungsverfahren definiert und in informelle und standardisierte Verfahren eingeteilt werden, sowie mit der praktischen Anwendungsform *SISMIK* (Sprachverhalten und Interesse an Sprache bei Migrantenkindern in Kindertageseinrichtungen) veranschaulicht werden.

Zuletzt sollen dann unterstützende Möglichkeiten zur Senkung der Bildungsunterschiede im Alltag aufgezeigt werden, beispielsweise der Umgang mit Mehrsprachigkeit oder das Projekt der *SchlaU-Schule*, um abschließend ein differenziertes und zur Sensibilisierung führendes Ergebnis zu kommen, welches verdeutlichen soll, wie künftige Lehrer in ihrem Schulalltag geschult werden sollten, da nicht nur die Schüler von den Lehrkräften lernen sondern ebenso Lehrer von Schülern. Es sollen somit insgesamt Instrumente dargeboten werden, welche zur Vorbereitung von individuellen Förderungsmaßnahmen und zur Identifizierung von Ansatzpunkten weiterführender individueller Sprachförderung dienen sollen, um Lehrkräfte nicht nur, wie oft üblich, lediglich auf Teamarbeit, bessere Absprachen, spielerische Sprachübungen oder ähnliches aufmerksam zu machen, sondern bereits einen Schritt vorher auf Möglichkeiten aufzudecken.

2. Situation der Schüler mit Migrationshintergrund im deutschen Bildungssystem

a. Kinder mit Migrationshintergrund – Definition

Um überhaupt auf die Größenordnung der Teilhabe von Migrationskindern und auf deren Bildungserfolg eingehen zu können, muss zunächst der Begriff Kinder mit Migrationshintergrund selbst näher untersucht werden. Der wissenschaftliche

Diskurs darüber, wer nun zu den Kindern mit Migrationshintergrund gehört, ist strittig. So verweist Diefenbach beispielsweise auf die nachfolgende Generation der in Deutschland lebenden Generation von angeworbenen Gastarbeitern aus unterschiedlichen Ländern wie beispielsweise Italien (1955), Spanien (1960), Griechenland (1960) und der Türkei (1961).[5] Jedoch werden vom *Statistischen Bundesamt*, alle nach 1949 auf das heutige Gebiet der Bundesrepublik Deutschland Zugewanderten, sowie alle in Deutschland geborenen Ausländer und alle in Deutschland als Deutsche Geborenen mit zumindest einem nach 1949 zugewanderten oder als Ausländer in Deutschland geborenen Elternteil" als Migrant definiert.[6] Der Wissenschaftler Herwartz-Emden geht geschichtlich sogar noch weiter zurück und zählt alle sogenannten Aussiedler aus den ehemaligen Ostgebieten vor dem 8.5.1945 ebenso zu den Menschen mit Migrationshintergrund hinzu, selbst Spätaussiedler, bei der jede dritte Person bereits in Deutschland geboren wurde.[7] Wenn man nun all diese Personengruppen zusammenzählt, kommt man auf beträchtliche 18,6 % (15,3 Millionen Menschen) der deutschen Bevölkerung im Jahr 2006.[8]

Der außerdem unerlässlich zu klärende Begriff ist der der „Migration". Dieser stammt aus dem Lateinischen und bedeutet „Wanderung". Auch über diesen Begriff gibt es in den Sozialwissenschaften unterschiedliche Ansichten, allerdings macht Diefenbach hier darauf aufmerksam, dass in jedem Fall eine Gemeinsamkeit herrscht: der dauerhafte Wohnortwechsel.[9] Somit muss also, um von "Menschen mit Migrationshintergrund" zu sprechen, eine Zuwanderung aus einem anderen Staat vollzogen worden sein. Wie schon in diesem Kapitel angedeutet, gibt es offenbar Unterschiede. So spricht man von „Kindern mit Migrationshintergrund 1. Ordnung",

---

[5]Vgl. Diefenbach, H.: Kinder und Jugendliche aus Migrantenfamilien im deutschen Bildungssystem. Erklärungen und empirische Befunde, Wiesbaden 2007, S. 19.
[6]Statistisches Bundesamt Deutschland: Bevölkerung und Erwerbstätigkeit. Bevölkerung mit Migrationshintergrund – Ergebnisse des Mikrozensus 2005. Erschienen am 4. Mai 2007, Bevölkerung und Erwerbstätigkeit Bevölkerung mit Migrationshintergrund – Ergebnisse des Mikrozensus 2005 –, aufgerufen am 20.00.2014 um 12.22Uhr.
[7]Vgl. Herwartz-Emden, L.: Einwandererkinder im deutschen Bildungswesen, a.a.O., S. 661.
[8]Statistisches Bundesamt, Bevölkerung und Erwerbstätigkeit: Bevölkerung mit Migrationshintergrund – Ergebnisse des Mikrozensus 2005, Fachserie 1, Reihe 2.2, Wiesbaden, 2007, S. 7
[9]Vgl. Diefenbach, H: Kinder und Jugendliche aus Migrantenfamilien im deutschen Bildungssystem. Erklärungen
und empirische Befunde, a.a.O., S. 20.

von Heranwachsenden, welche im Ausland geboren wurden und ausländische Eltern besitzen. Bei „Kindern mit Migrationshintergrund 2. Ordnung" sind jene gemeint, die in Deutschland geboren wurden und mindestens ein Elternteil nicht deutscher Herkunft ist. Jedoch darf nach heutigem Verständnis keinesfalls der Fehler begangen werden, „Kinder mit Migrationshintergrund" in Klassen oder Status einzuordnen, auch wenn dies in restriktiven Einbürgerungsgesetzen jahrzehntelang geschah.[10] In dieser wissenschaftlichen Arbeit soll jedoch zusammengefasst auf Personen beider Herkunftsmöglichkeiten eingegangen werden, ohne speziell zu differenzieren. Tatsächlich haben viele Kinder bereits einen deutschen Pass und somit die deutsche Staatsbürgerschaft, sodass Statistiken nur kaum zuverlässig sind.[11] Dass die Zahl der „Ausländer" nach den *amtlichen Bildungsstatistiken* dadurch deutlich höher sein müsste, ist durch *PISA 2000* und *IGLU* (Internationale Grundschul-Lese-Untersuchung) belegt, da hier bei Grundschulen der vierten Klasse eine beachtliche Zahl von 20% der Kinder mit Migrationshintergrund festgestellt wurde.[12]

Eine andere Möglichkeit der genaueren Feststellung des Migrationsstatus bietet Gogolin an. Sie entwickelte Umfragen und wandte diese an, beispielsweise den Mikrozensus, die von wissenschaftlichen Instituten in regelmäßigen Abständen erneut durchgeführt werden.[13] Auf diese Methode, den Bevölkerungssurvey, stützt sich bereits das Statistische Bildungsamt und konnte so durch zufällig bestimmte 1% der Bevölkerung, Umfragen unter anderem über den Schulbesuch und den erreichten Abschluss durchführen. Diese Form hat sich bis 2006 insofern weiterentwickelt, als dass nun auch Angaben zur Zuwanderung, Einbürgerung und der Staatsangehörigkeit verwendet werden können, sodass der „Migrationshintergrund" er gefasst wird.[14] Die *Kultusministerkonferenz* und das *Ministerium für Bildung* nennen hierzu genaue Zahlen: 18,6% (15,3 Millionen Menschen) der Gesamtbevölkerung beträgt der Anteil der Personen mit Migrationshintergrund, welche eine enorme Aufgabe für das

---

[10]Vgl. Gogolin, I./Krüger-Potratz, M.: Einführung in die Interkulturelle Pädagogik, Opladen 2006, S.64.
[11]Vgl. Diefenbach, H.: Kinder und Jugendliche aus Migrantenfamilien im deutschen Bildungssystem. Erklärungen und empirische Befunde, a.a.O., S. 22.
[12]Vgl. Bos, W. et al. (Hrsg.): Erste Ergebnisse aus IGLU. Schülerleistungen am Ende der vierten Jahrgangsstufe im internationalen Vergleich, Münster 2003, S. 128.
[13]Vgl. Gogolin, I./Krüger-Potratz, M.: Einführung in die Interkulturelle Pädagogik, a.a.O., S.154.
[14] Vgl. PISA 2006: Schulleistungen im internationalen Vergleich. Naturwissenschaftliche Kompetenzen für die Welt von morgen, 2007 OECD, S. 204f .

Bildungssystem bedeuten.[15] Der Mikrozensus nennt sogar einen Wert von 27%, welcher die SuSmit Migrationshintergrund beinhaltet und die nun folgende Untersuchung sinnvoll macht, da bislang nur unzureichende Untersuchungen durchgeführt wurden und die Aufgabe stetig wächst.[16]

b. Geschichte der Migration in Deutschland ab dem 2. Weltkrieg

„Immer war ein erheblicher Teil der Menschheit in Bewegung, auf der Wanderung oder auf der Flucht, aus verschiedenen Gründen, auf gewaltförmige oder friedliche Weise – eine Zirkulation, die zu fortwährenden Turbulenzen führen muß. Es handelt sich um einen chaotischen Prozeß, der jede planende Absicht, jede langfristige Prognose zunichtemachen muß."[17]

Hans Magnus Enzensberger beschreibt im genannten Zitat die Geschichte der Menschen mit Migrationshintergrund, denn seit jeher sind Menschen auf der Flucht oder suchen einen besser geeigneten Ort für die eigene und folgende Generation. Eine der berühmtesten Wanderungen der Menschheit ist wohl die Völkerwanderung der Germanen in Europa im vierten und fünften Jahrhundert.[18] So waren es damals große Völkergruppierungen die sich auf die Wanderung begaben, im 20. Jahrhundert sind es hingegen kleinere Gruppen oder einzelne Personen, die auf Grund von Kriegen auswandern müssen.

Nach dem zweiten Weltkrieg kam es zu Zwangsmigrationen in Ost- und Mitteleuropa, ebenso waren in den 80er und 90er Jahren Einwanderungswellen zu beobachten, als Konsequenz aus den Bürgerkriegen in Afrika und dem Balkan. Hier soll nun im Folgenden speziell auf die Phase nach dem zweiten Weltkrieg eingegangen werden, da diese die jüngste Geschichte des Bildungswesen nachhaltig beeinflusst und somit auch heute noch für *PISA* und andere Studien relevant ist,

---

[15]Vgl. Kultusministerkonferenz und Bundesministerium für Bildung und Forschung (Hrsg.): Bildung in Deutschland. Ein indikatorgestützter Bericht mit einer Analyse zur Bildung und Migration, Bielefeld 2006, S.140.

[16]Vgl. Kultusministerkonferenz und Bundesministerium für Bildung und Forschung (Hrsg.): Bildung in Deutschland. Ein indikatorgestützter Bericht mit einer Analyse zur Bildung und Migration, a.a.O., S. 142.

[17]Enzensberger, Hans Magnus: Die große Wanderung, 1994, S. 9f.

[18]Vgl. Kinder, Hermann: Atlas zur Weltgeschichte, S. 118.

ebenso für die, die den meisten Kontakt mit Migranten haben im Alltag: die Lehrkräfte.

Wie schon eben angedeutet, stieg die Zahl der Migration nach dem zweiten Weltkrieg, da nun im Zuge der Zwangsumsiedlung deutscher Ostgebiete die ersten Migranten die Heimatvertriebenen waren. Am 19.05.1953 wurde hierfür ein Bundesvertriebenengesetz erlassen, welches „deutschen Staats- oder Volksangehörigen, die vor dem 31.12.1937 ihren Wohnsitz in den ehemaligen deutschen Ostgebieten hatten und ihn im Zusammenhang mit den Ereignissen des Zweiten Weltkrieges infolge Vertreibung (besonders durch Ausweisung oder Flucht) verloren"[19] eine neue, alte Heimat geben sollte.

Nach der Trümmerzeit und der Beseitigung des allgegenwärtigen Chaos folgte eine Zeit des Wirtschaftswunders und der daraus resultierenden Vollbeschäftigung. Da insbesondere für die niedrigqualifizierten Arbeiten Arbeitskräfte fehlten, wurden ab 1955 Gastarbeiter aus anderen Ländern, vorwiegend aus dem Mittelmeerraum, eingestellt. Nach Rosemarie Quirill stieg die Zahl der ausländischen Arbeitnehmer in den Jahren 1966 bis Mitte der 1970er Jahre von 280.000 auf mehr als 2,5 Millionen. 1973 bis 1979 wurde dieser Prozess zum einen gestoppt und zum anderen versucht weitestgehend rückgängig zu machen, sodass die Zahl der Gastarbeiter dann auf 1,9 Millionen sank.[20]

Da in der DDR (insbesondere 1949-1961) 2,7 Millionen Menschen von Ost nach West übersiedelten, entstand erneuter Arbeitskräftemangel, sodass sich nach dem Mauerbau im Jahr 1961 der Osten 500.000 Gastarbeiter aus dem Ausland anwarb. Diese kamen vor allem aus Vietnam, Polen und Mosambik, welche dann in der DDR von der restlichen Bevölkerung separiert lebten. Nach dem Kalten Krieg siedelten diese Menschen, ebenso wie Asylsuchende und Flüchtlinge (beispielsweise aus dem ehemaligen Jugoslawien), nach Deutschland um.[21]

Das *Statistische Bundesamt* nennt 2011 eine Zahl von 15,96Millionen Menschen, welche einen Migrationshintergrund besitzen und somit immerhin 19,5% der

---

[19]Radler, Rudolf: Das Bertelsmann Lexikon in 24 Bänden, Band 9, Artikel ‚Heimatvertriebene', S. 4174.
[20]Quirill, Rosemarie: dtv-Lexikon in 24 Bänden, Band 2, Artikel ‚ausländische Arbeitnehmer', S. 185.
[21]http://www.bpb.de/gesellschaft/migration/dossier-migration/56367/migration-1955-2004 aufgerufen am 1.09.2014 um 12.26Uhr.

Gesamtbevölkerung ausmachen – wie man im Vergleich zu Kapitel 2a sehen kann, stieg die Zahl im Zeitraum von 2006 bis 2011 um 0,9%. 8,77 Millionen Menschen von ihnen besitzen einen deutschen Pass und von diesen Menschen haben 3,76 Millionen keine eigenen Migrationserfahrungen erlebt. Die restlichen 7,19 Millionen besitzen keinen deutschen Pass und von ihnen haben 1,52 Millionen keine persönlichen Migrationserfahrungen gemacht. Somit sind ungefähr 1/3 von ihnen ohne eigenen Migrationshintergrund, sodass sie zur zweiten oder dritten Generation zählen dürften.[22] Auch wenn die Einwanderungszahlen bis 1992 sanken und seit 2008/2009 mehr Menschen aus- als eingewandert sind, verzeichnet das *Statistische Bundesamt* erneut steigende Werte für den Zuzug nach Deutschland, die Tendenz des Wanderungssaldos ist weiter steigend.[23]

Den Medien widersprechend, zeigt sich jedoch, dass nicht insbesondere Menschen aus Südeuropa eine neue Heimat suchen, sondern Ost- und Mitteleuropa (Vgl. Abbildung 1):

Zuwanderung aus den vier wichtigsten Herkunftsländern in Mittel- und Osteuropa:

	2010	**2011**	**2012**
Polen	125.861	172.674	92.400
Rumänien	74.585	95.479	59.877
Bulgarien	39.387	51.612	28.969
Ungarn	30.015	41.980	25.415

Abbildung 1: Zuwanderung aus den vier wichtigsten Herkunftsländern in Mittel- und Osteuropa. (Quelle: Statistisches Bundesamt, siehe Fußnote Nr.22)

Dieser Anstieg ist einerseits im Zusammenhang mit der Finanzkrise und andererseits mit dem Beitritt anderer Länder in die EU zu sehen. Die Aktualität in den Massenmedien, die Fakten und Daten der Forschung über immer mehr übersiedelnde Menschen aus Krisengebieten, betonen die Notwendigkeit der Auseinandersetzung mit diesem Thema im Bezug auf das Bildungssystem, die Bildungschancen dieser

---

[22] http://www.bpb.de/nachschlagen/zahlen-und-fakten/soziale-situation-in-deutschland/61646/ aufgerufen am 1.09.2014 um 12.55Uhr.
[23] http://www.bpb.de/gesellschaft/migration/dossier-migration/155584/deutschland#footnode2-2 aufgerufen am 1.09.2014 um 13.05Uhr.

Menschen und das zu verbessernde Bildungsangebot für MigrantInnen, um nicht in Multikulturalität – als bloßem Nebeneinander -, sondern in Interkulturalität gemeinsam zu leben und zu lernen.

c. Beteiligung und Erfolg dieser Kinder

i. Elementarbereich

Leider ist es in Deutschland weiterhin so, dass die soziale und ethnische Abstammung des Kindes maßgeblich für den Erfolg in der Schule und im weiteren Leben Folgen hat. Diese bedeutsame Funktion, die der Schule somit zukommt, wird in den Studien zwar immer mehr berücksichtigt, jedoch gelingt diese schulische Integration dieser SuS in die Gesellschaft nur ausreichend.[24] Es gehört somit zu den wichtigsten bildungspolitischen Aufgaben einer global denkenden, demokratischen und toleranten Regierung, um so allen SuS eine Chancengleichheit zu ermöglichen; die SuS zwar individuell, aber nicht separat zu fördern, durch Ausgleich von Disparitäten bei der Bildungsbeteiligung der Lernenden.[25] Ob und wie weit es das Bildungssystem inzwischen schafft diese Disparitäten auszugleichen, soll nun Gegenstand dieser folgenden Untersuchung sein, welche SuS vom Elementarbereich über den Primarbereich und die Sekundarstufe in den Blick nimmt, um so hoffentlich fundierte und gründliche Ergebnisse zu erhalten, welche dann zum ersten die Notwendigkeit von Sprachkompetenzen untermauern sollen und andererseits Basis für die im Anschluss erläuterten Erklärungsansätze sein wird.

Vorschulische Einrichtungen müssen deshalb ins Auge gefasst werden und bei der bildungspolitischen Planung berücksichtigt werden, da sich in Studien bereits diese frühe Phase als sehr einflussreich für den individuellen und gesellschaftlichen Werdegang erwies.[26] Genau das scheint auch in der Studie vom *Bundesministerium für Bildung und Forschung* im Jahr 2014 weiterhin betont zu werden, weil auch hier

---

[24]Vgl. Beauftragte der Bundesregierung für Migration, Flüchtlinge und Integration (Hrsg.): Förderung von Migranten und Migrantinnen im Elementar- und Primarbereich. Dokumentation der Fachtagung am 07. März 2003 in Berlin, Berlin 2003, S. 10.

[25]Vgl. Deutsches PISA-Konsortium (Hrsg.): PISA 2000. Basiskompetenzen von Schülerinnen und Schülern im internationalen Vergleich, a.a.O., S. 323.

[26]Vgl. Kultusministerkonferenz Bundesministerium für Bildung und Forschung (Hrsg.): Bildungsbericht für Deutschland. Erste Befunde, Berlin 2003., S. 26.

die sprachlichen und grammatikalischen Unterschiede in den Fähigkeiten der deutschen und ausländischen Kinder im Alter von fünf Jahren deutlich erkannt werden und dem entgegengewirkt werden müsse.[27]

Der Elementarbereich ist die erste Etappe der institutionellen Förderung in der Erziehung und Bildung gleichermaßen. SuS, welche sich im Alter zwischen drei und sechs Jahren befinden, werden dort betreut.[28] Der Kindergarten ist gerade für Kinder mit Migrationshintergrund eine wichtige Einrichtung, in der sie intensiv und zugleich spielerisch erste Einblicke in die andere Gesellschaft, deren Kultur und Sprache gewinnen können und so erste Erfahrung mit sprachlichen Hürden bereits vor der Einschulung sammeln und gegebenenfalls meistern lernen können.[29] Auch Ingrid Gogolin sieht hier, an Hand ihrer Forschungsergebnisse, eine enge Verbindung zwischen Vorschulbesuch und weiterem Bildungserfolg, da die allgemeinen kognitiven Fähigkeiten neben den sozialen und emotionalen Fähigkeiten merklich ausgeprägter sind, als bei fehlendem Kindergartenbesuch.[30] Lanfranchi unterstützt diese Ansicht und geht konkret auf die unterschiedliche Beteiligung der deutschen und ausländischen Kinder beim vorschulischen Angebot ein, was ein erstes Indiz für die geringere Beteiligung am Bildungsangebot sein soll.[31] Einen exemplarischen Beleg lieferten hierfür auch Gomolla und Radtke, welche an Bielefelder Schulen im Jahr 2000 den zusätzlichen Förderbedarf von Kindern mit Migrationshintergrund (mit fehlendem Kindergartenbesuch) feststellten.[32]

Grundsätzlich ist zu betonen, dass eine Erhebung solcher Daten sehr schwierig ist, da sich diese Einrichtungen in freier Trägerschaft, also unter der Leitung von kommunalen oder kirchlichen Verbänden, befinden. Trotz dieser Problematik ist es

---

[27]Vgl. Kultusministerkonferenz Bundesministerium für Bildung und Forschung (Hrsg.): Bildungsbericht für Deutschland 2014. Ein indikatorengestützter Bericht mit einer Analyse zur Bildung von Menschen mit Behinderungen, Bielefeld 2014, S. 61.

[28]Vgl. Leist, A.: Sprachförderung im Elementarbereich, In: Bredel, U. et al. (Hrsg.): Didaktik der deutschen Sprache, Bd. 2, Paderborn 2006, S. 673.

[29]Vgl. Beauftrage der Bundesregierung für Migration, Flüchtlinge und Integration (Hrsg.): Daten – Fakten – Trends. Bildung und Ausbildung, Berlin 2005, S. 254.

[30]Vgl. Gogolin, I./Krüger-Potratz, M.: Einführung in die Interkulturelle Pädagogik, a.a.O., S.154.

[31]Vgl. Lanfranchi, A.: Schulerfolg von Migrationskindern. Die Bedeutung familienergänzender Betreuung im Vorschulalter, Opladen 2002, S. 53f.

[32]Vgl. Gomolla, M./Radtke, F.: Mechanismen institutioneller Diskriminierung in der Schule, In: Gogolin, I./Nauck, B. (Hrsg.): Migration, gesellschaftliche Differenzierung und Bildung, Opladen 2000, S. 331.

im Jahr 2006 gelungen, mit Hilfe des Mikrozensus im offiziellen Bildungsbericht, eine Beteiligung der ausländischen Kinder im Vergleich zu 1991 und 2004 darzustellen. Hier wird deutlich, dass immerhin 80% der Kinder mit Migrationshintergrund ab dem vierten Lebensjahr an einer elementaren Einrichtung teilhaben.[33]

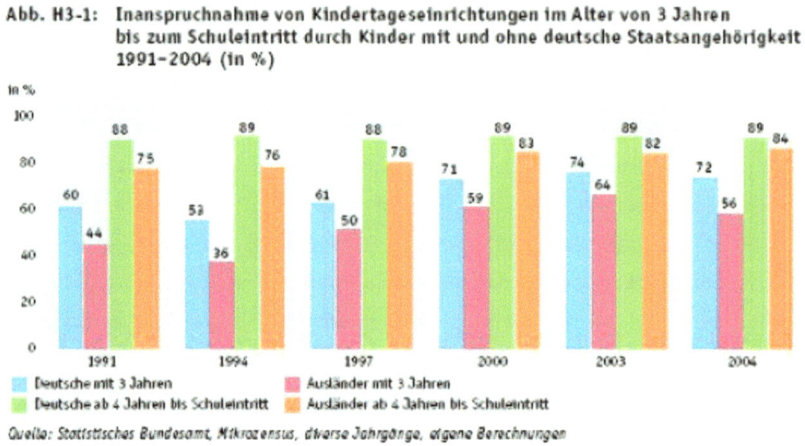

Abb. H3-1: Inanspruchnahme von Kindertageseinrichtungen im Alter von 3 Jahren bis zum Schuleintritt durch Kinder mit und ohne deutsche Staatsangehörigkeit 1991-2004 (in %)

Abbildung 2: Inanspruchnahme von Kindertageseinrichtungen im Alter von 3 Jahren bis zum Schuleintritt durch Kinder mit und ohne deutsche Staatsangehörigkeit (1991-2004). (Quelle: Bildung in Deutschland 2008, S. 150.)

Natürlich kann diese Grafik nicht darstellen, wie lange und wie regelmäßig der Besuch einer Kindestageseinrichtung war. Sehr wohl berichtet sie jedoch über die Annäherung der Quoten über den Besuch eines ausländischen Kindes der Kindertageseinrichtung im Vergleich zum Jahr 1996, als der Rechtsanspruch für einen Kindergartenplatz eingeführt wurde.[34]

Micheril wendet jedoch ein, dass nicht (nur) ein frühzeitiger Besuch einer Elementareinrichtung entscheidend ist, sondern vielmehr inwieweit die sprachlichen

---

[33]Vgl. Kultusministerkonferenz und Bundesministerium für Bildung und Forschung (Hrsg.): Bildung in Deutschland. Ein indikatorgestützter Bericht mit einer Analyse zur Bildung und Migration, a.a.O., S. 151.
[34]Vgl. Beauftrage der Bundesregierung für Migration, Flüchtlinge und Integration (Hrsg.): Daten – Fakten –Trends. Bildung und Ausbildung, a.a.O., S. 254.

Fähigkeiten zum Einschulungszeitpunkt ausgebaut sind.[35] Wenn man diesen Aspekt nun einbeziehen möchte, so ist es sicherlich problematisch, dass 64,4% der Kinder mit Migrationshintergrund in Einrichtungen untergebracht sind, in denen der Anteil der ausländischen Kinder über dem Durchschnitt liegt.[36]

Eine frühe sprachliche Förderung müsste gerade in solchen Institutionen mit einem höherem personellen Aufwand aufgefangen werden, insbesondere wenn man die Ergebnisse des Bildungsberichtes vom Jahr 2008 in Augenschein nimmt. Hier sprechen die Zahlen eine deutliche Sprache, denn von 30% der Kinder ohne Deutsch als Muttersprache sprechen rund 50% zu Hause kein Deutsch.[37]

ii. Primarbereich

Laut dem Bildungsbericht des *Statistischen Bundesamtes* besuchten 3.149.546 Kinder in den Jahren 2004/2005 die Grundschule, wovon 361.419 SuS einen Migrationshintergrund besaßen – wohingegen die Dunkelziffer der Kinder mit ausländischer Herkunft, wie im vorherigen Kapitel beschrieben wurde, wahrscheinlich deutlich höher sein dürfte.[38]

Wie bereits greifbar wurde, sprechen offenbar viele Kinder zu Hause und sogar im Kindergarten nur ihre Muttersprache, sodass die Notwendigkeit und die Motivation fehlen. So fangen die Probleme bei der Einschulung an, da sie dem Unterricht auf

---

[35]Vgl. Mecheril, P.: Die Schlechter-Stellung der Migrationskinder – Schule in der Migrationsgesellschaft, In: Mecheril, P.: Einführung in die Migrationspädagogik, Weinheim/Basel 2004, S. 140.
[36]Vgl. Kultusministerkonferenz und Bundesministerium für Bildung und Forschung (Hrsg.): Bildung in Deutschland 2008. Ein indikatorengestützter Bericht mit einer Analyse zu Übergängen im Anschluss an den Sekundarbereich I, Bielefeld 2008, S. 53.
[37]Vgl. ebd.
[38]Vgl. Statistisches Bundesamt (Hrsg.): Bildung im Zahlenspiegel 2006, Wiesbaden 2006, S. 55f.

Grund von sprachlichen Defiziten nicht folgen können.[39] Es überrascht daher kaum, dass Kinder aus anderen Kulturen häufig in Schulkindergärten untergebracht sind, da sie bei der Einschulung häufig zurückgestellt werden, anlässlich ihrer unzureichenden Sprachkompetenzen.[40] Wie wichtig die Sprachkompetenz ist, erläutert Olga Zitzelsberger: „SchulleiterInnen von Grundschulen verweisen bei Rückstellungen von Migranten immer auf die sprachlichen Defizite sowie auf das kulturelle Herkunftsmilieu."[41]

Obwohl relativ wenige Daten für die Auswertung von Schuleintritten bei deutschen und ausländischen Kindern vorhanden sind, gelang es dem Bundesministerium für Bildung und Forschung Unterschiede zum Zeitpunkt der Einschulung auszuwerten:

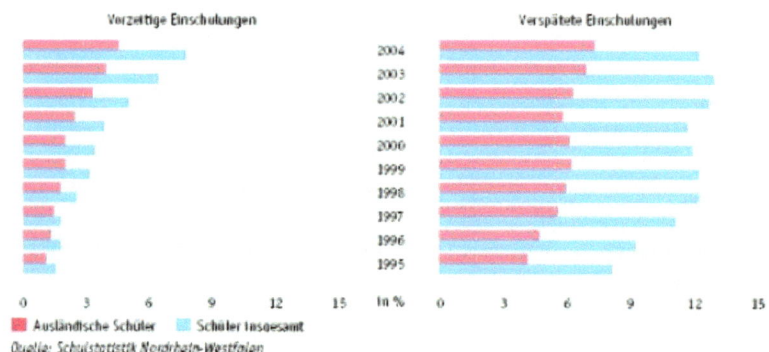

Abb. H3-2: Anteil vorzeitiger und verspäteter Einschulungen aller SchülerInnen und Schüler an allen Einschulungsentscheidungen in Nordrhein-Westfalen 1995–2004 nach Staatsangehörigkeit[7] (in %)

Abbildung 3: Anteil der vorzeitig/verspäteten Einschulungen aller SuS in Nordrhein-Westfalen (1995-2004). (Quelle: Bildung in Deutschland 2008, S. 151).

Hier wird ganz offensichtlich, dass deutsche Kinder und Kinder nicht-deutscher Familiensprache unterschiedliche Verläufe erleben. Vorzeitige Einschulungen sind

---

[39]Vgl. Beauftragte der Bundesregierung für Migration, Flüchtlinge und Integration (Hrsg.): Förderung von Migranten und Migrantinnen im Elementar- und Primarbereich. Dokumentation der Fachtagung am 07.März 2003 in Berlin, a.a.O., S. 99f.
[40]Vgl. ebd., 101.
[41]Vgl. Zitzelsberger, O.: Schulkinder aus Migrantenfamilien, sowie: http://www.familienhandbuch.de/cmain/f__Aktuelles/a_Schule/s_774.html aufgerufen am 03.09.2014 um 17.04Uhr

hier bei ausländischen Kindern seltener, noch erheblicher sind die Diskrepanzen bei den Zurückstellungen.[42]

Ebenso gibt es Studien die aufzeigen, dass auch während der Schulzeit Wiederholungen von Klassenstufen bei ausländischen Kindern häufig vorkommen, nämlich bis zu sechsmal häufiger als bei deutschen SuS.[43] Es scheint also nicht zu reichen, erst in der Grundschule oder gar in der fortführenden Schule intensive Deutschnachhilfe anzubieten, sondern es muss vorab in genügend und für jedermann verfügbare Bildungsangebote für Deutsch investiert werden. Auch *IGLU* zeigt klar, dass Kinder ohne Migrationshintergrund in Mathe, Deutsch und in den Naturwissenschaften im Jahr 2001 am besten abschnitten. Wo hingegen Kinder mit mindestens einem ausländischen Elternteil sogar Ergebnisse mit einem Drittel schlechter als der Durchschnitt erzielten. Um sogar noch einmal eine halbe Standardabweichung schlechter schlossen Kinder ab, deren Eltern beide aus dem Ausland kommen.[44]

Insgesamt lässt sich bisher sagen, dass sowohl der Übergang vom Elementarbereich zum Primarbereich als auch zur Sekundarstufe einigen SuS Probleme bereitet, was Lanfranchi vor allem den hohen Anteilen an Zurückstellungen, den Einweisungen in Einschulungsklassen als auch den Repetitionen der 1. Klasse zuschreibt.[45]

iii. Sekundarstufe

Für das Schuljahr 2004/2005 nennt das *Statistische Bundesamt* eine Anzahl von 951.314 SuS mit Migrationshintergrund auf allgemeinbildenden Schulen, was umgerechnet auf alle Schüler 10% entspricht.[46] Jedoch gilt auch hier, wie bereits in den anderen Kapiteln, dass bei diesen Daten die SuS mit Migrationshintergrund und

---

[42] Vgl. Kultusministerkonferenz und Bundesministerium für Bildung und Forschung: Bildung in Deutschland. Ein indikatorengestützter Bericht mit einer Analyse zu Bildung und Migration 2006, a.a.O., S. 150.

[43]Vgl. Kultusministerkonferenz und Bundesministerium für Bildung und Forschung (Hrsg.): Bildungsbericht für Deutschland. Erste Befunde, a.a.O., S. 215.

[44] Vgl. Bos, W. et al.: Erste Ergebnisse aus IGLU. Schülerleistungen am Ende der vierten Jahrgangsstufe im internationalen Vergleich, Münster 2003, S. 282.

[45] Vgl. Lanfranchi, A.: Schulerfolg von Migrationskindern, a.a.O. S., 15.

[46] Vgl. Statistisches Bundesamt (Hrsg.): Bildung im Zahlenspiegel 2006, a.a.O., S. 59.

deutscher Staatsbürgerschaft nicht erfasst wurden.[47] Das ist insofern relevant, als nach Herwartz-Emden, immerhin 70% aller SuS in Deutschland geboren wurden.[48] PISA 2000 zeigt auf, wie enorm hoch die Zahl der nicht erfassten SuS mit Migrationshintergrund in den höheren Bildungsgängen sein muss.[49] Die Lage der Migranten wird auch in nachfolgender Grafik deutlich:

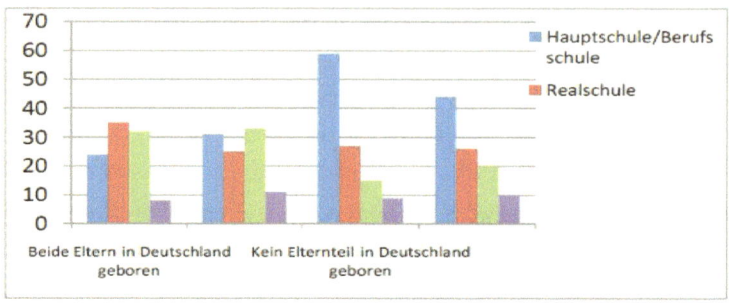

Abbildung 4: Quelle: PISA 2000. Basiskompetenzen von SuS im internationalen Vergleich, S. 373.

Erkennbar ist, wie die Verteilung der 15- Jährigen in der Sekundarstufe I ist und unterschieden werden Familien nach dem Migrationsstatus, also Elternteile mit deutschem und ausländischem Hintergrund. Herauszulesen ist auf Anhieb, dass die strukturellen Unterschiede sich deutlich auf die Bildungsbeteiligung auswirkt.[50]Ungefähr 60% aller SuS, von denen kein Elternteil aus Deutschland stammt, besuchen die Hauptschule, während das lediglich 23% derjenigen SuS tun, von denen beide Elternteile deutscher Herkunft sind. Die Spanne des Unterschieds wird noch deutlicher, wenn man die Prozentzahl der SuS mit Migrationshintergrund bei dem Schulbesuch des Gymnasiums betrachtet: gerade einmal 15%. *PISA* zeigt weiterhin auf, dass SuS mit deutschen Elternteilen weitaus mehr Chancen auf einen Abschluss einer höheren Schule haben, als ausländische Kinder. Bei gemischten

---

[47] Vgl. Diefenbach, H.: Bildungschancen und Bildungs(miss)erfolg von ausländischen Schülern aus Migrantenfamilien im System schulischer Bildung, In: Becker, R./Lauterbach, W. (Hrsg.): Bildung als Privileg. Erklärungen und Befunde zu den Ursachen der Bildungsungleichheit 2., aktualisierte Auflage, Wiesbaden 2007, S. 219.

[48] Vgl. Herwartz- Emden, L.: Einwandererkinder im deutschen Bildungswesen, a.a.O., S. 67.

[49] Vgl. Baumert, J.; Stanat, P.; Watermann, R. (Hrsg.): Herkunftsbedingte Disparitäten im Bildungswesen. Vertiefende Analysen im Rahmen von PISA 2000, Wiesbaden 2006, S. 189f.

[50] Vgl. Deutsches PISA-Konsortium (Hrsg.): PISA 2000. Basiskompetenzen von Schülerinnen und Schülern im internationalen Vergleich, a.a.O., S. 373.

Ehen liegen die Werte in der Mitte, tendenziell jedoch besser als bei reinen ausländischen Paaren.[51] Die Diskrepanz wird im internationalen Vergleich noch deutlicher, da Jugendliche mit Migrationshintergrund in den Fächern Mathematik, Deutsch, sowie in anderen Bereichen ein geringeres Kompetenzniveau erreichen, welches nach deutschem Maßstab ein bis fast zwei Jahrgangsstufen ausmacht.[52]

Sowohl *PISA 2000* als auch *PISA 2003* stellten fest, dass die deutsche Sprache als Basiskompetenz unerlässlich ist und dennoch waren knapp 20% der SuS mit dem Material von *PISA* überfordert. Lediglich 2% kamen mit den Aufgaben sehr gut zurecht. Alarmierend war jedoch die Feststellung, dass 50% der Kinder mit Migrationshintergrund gerade einmal die Kompetenzstufe I im Lesen erreichten und das obwohl 70% von ihnen die gesamte Schulzeit in Deutschland durchlaufen haben.[53] *PISA* ordnet jene als Risikoschüler ein, welche nach Herkunft, Geburtsort, Schulbesuch und Sprachgewohnheiten untersucht wurden.[54]

Das Statistische Bundesamt unterstützt diese Befunde und stellte diese in einer Grafik dar:

Abbildung 5: Schulabschlussdaten ausländischer und deutscher Schüler 2006

(Quelle: Bildung und Kultur- Allgemeinbildende Schulen. Schuljahr 2006/2007)

---

[51] Vgl. ebd , S 374f
[52] Vgl. Deutsches PISA-Konsortium Deutschland (Hrsg.): PISA 2003. Der Bildungsstand der Jugendlichen in Deutschland- Ergebnisse des zweiten internationalen Vergleichs, Münster 2004, S. 236.
[53] Vgl. Deutsches PISA-Konsortium (Hrsg.): PISA 2000. Basiskompetenzen von Schülerinnen und Schülern im internationalen Vergleich, a.a.O., S.376.
[54] Vgl. ebd., S. 373f.

In dieser Abbildung wird ersichtlich, dass 41,5% ausländischer Schüler mit einem Hauptschulabschluss und sogar 16,6% ohne einen Abschluss die Schullaufbahn beenden, jedoch 22,6% der deutschen Schüler einen Hauptschulabschluss und zumindest nur 6,9% gar kein Abschlusszeugnis erhalten. Die Schulgänge der höheren Bildung werden von Migrationskindern mit 11% besucht und von deutschen, gleichaltrigen Jugendlichen mit 28,3% und damit um als das Doppelte.[55] Die Bildungsbeteiligung an Gymnasien ist bei nicht muttersprachlich deutschen SuS noch ernüchternder. Denn im Vergleich zu deutschen Kindern müssen diese deutlich häufiger die fünften und sechsten Klassen wiederholen.[56]

Auf Grund der Tatsache, dass ausländische Kinder schwerer den Sprung in eine höhere Bildungseinrichtung schaffen, bilden sich gerade in Großstädten Schulen heraus, an denen der Ausländeranteil sehr hoch ist. Dies ist, sofern es keine Gesamtschule ist, eher problematisch, da schwächere ausländische Schüler auf zu wenig lernunterstützende Schüler treffen, sowie oft überforderte Lehrer, welche für die besonderen Aufgaben zu wenig ausgebildet wurden.[57] Die Gesamtschule zeigt sich, nach Herwartz-Emden, hier erfolgsversprechender:

„Nach anfänglich nur zögernder Öffnung befindet sich inzwischen ein erheblicher und weiter steigender Anteil ausländischer Schüler auf Gesamtschulen. Aufgrund der offeneren Struktur der Gesamtschule wird auch nach dem Übergangszeitpunkt von der Grundschule auf die Sekundarstufe die Möglichkeit erleichtert, höhere Abschlüsse zu erreichen, ohne die Schule wechseln zu müssen.“[58]

Dieses Ergebnis unterstützt auch Diefenbach, der in seinen eigenen Studien ebenfalls positive Effekte der Gesamtschule feststellen konnte. Über eine längere Beoachtungsspanne konnte er festhalten, dass Schüler an einer Gesamtschule höhere Bildungsabschlüsse erreichen konnten als wenn sie nach der Grundschule wechseln und am regulären dreigliedrigem Schulsystem teilhaben würden.[59] Unterschieden muss jedoch außerdem die jeweilige Herkunft, die Nationalität der Schüler, da

---

[55] Vgl. Statistisches Bundesamt: Bildung und Kultur- Allgemeinbildende Schulen. Schuljahr 2006/2007, Fachserie 11, Reihe 1. Tabelle 6.4., 2007.
[56] Vgl. Kultusministerkonferenz und Bundesministerium für Bildung und Forschung (Hrsg.): Bildungsbericht für Deutschland. Erste Befunde, a.a.O., S. 215 und 254.
[57] Vgl. Herwartz- Emden, L.: Einwandererkinder im deutschen Bildungswesen, a.a.O., S. 667.
[58] Vgl. ebd., S. 688f.
[59] Diefenbach, H.: Bildungschancen und Bildungs(miss)erfolg von ausländischen Schülern aus Migrantenfamilien im System schulischer Bildung, a.a.O., S. 231.

offenbar nicht alle die gleichen Probleme im Schulalltag haben. So sind, nach dem *Bundesministerium für Familie, Senioren, Frauen und Jugend*, griechische und spanische Kinder von den ausländischen Schülern am erfolgreichsten und somit am häufigsten an Gymnasien oder Realschulen anzutreffen. Italienische Schüler sind überdurchschnittlich oft an Hauptschulen zu finden und türkische Kinder sind noch schlechter positioniert.[60] Ursprung dessen mag sein, dass diese (zu) spät eingeschult werden, eine Klassenstufe wiederholt werden muss oder sie „quereinsteigen". Erschreckend ist, dass nicht nur viele ohne Bildungsabschluss die Schule verlassen, sondern viel mehr, dass diese in den *PISA-Studien* nur die Kompetenzstufe I erreichen, sodass ein Übertritt in das Gymnasium natürlich deutlich unwahrscheinlicher ist.[61] Da offenbar die Sprachkompetenzen ein so wichtiger Part für die Schulausbildung der ausländischen Kinder und Jugendlichen ist, soll nun im nächsten Kapitel auf die Sprachkompetenzen, deren Inhalte und Ziele eingegangen werden.

d. Sprachkompetenzen von Kindern mit Migrationshintergrund – Definition

Was bereits in den vorherigen Kapiteln deutlich herausgearbeitet wurde ist, dass die Sprachkompetenzen bei ausländischen SuS zu wünschen übrig lassen – die positive Vielschichtigkeit der Kulturen zwingt daher das deutsche Bildungssystem endlich neue Wege zu beschreiten. Die Chancenverteilung muss gerechter werden, dies ist allerdings nur mit einem Ausbau der sprachlichen Bildung möglich, um so die größte Hürde in der Schullaufbahn zu überwinden.[62] Die Bildungspoltik nennt die deutsche

---

[60] Vgl. Bundesministerium für Familie, Senioren, Frauen und Jugend (Hrsg.): Familien ausländischer Herkunft in Deutschland. Leistungen, Belastungen, Herausforderungen – Sechster Familienbericht, a.a.O., S. 179.

[61] Vgl. Pommerin-Götze, G.: Zur Bildungssituation Jugendlicher mit Migrationshintergrund, a.a.O., S. 144ff.

[62] Vgl. Herwartz- Emden, L.: Migrant/-innen im deutschen Bildungssystem. In: Bundesministerium für Bildung und Forschung (Hrsg.): Migrationshintergrund von Kindern und Jugendlichen. Wege zur Weiterentwicklung der amtlichen Statistik, Berlin 2007, S. 13.

Sprache den „Schlüssel zum Bildungserfolg"[63], welcher außerdem zur leichteren gesellschaftlichen Teilhabe führe. Da dieser Punkt so wichtig ist, soll daher nun auf die Definition von Sprachkompetenzen Wert gelegt werden, um so möglicherweise im Lehralltag, nicht nur im Deutschunterricht, sondern auch im Geschichtsunterricht (in meinem Fall), sensibler auf solche Probleme eingehen zu können. Die Bezeichnungen „Erst- und Zweitspracherwerb" sollen erläutert werden, bedingt durch den Umstand des häufigen Auftauchens in der Fachliteratur zum Thema Spracherwerb.

So wird unter dem Begriff „Erstsprache" in der Regel die Sprache verstanden, die ein Kind von Geburt an um sich herum hört, wahrnimmt und dann auf selbstverständliche Weise anfängt diese Strukturen nachzubilden.[64] Unterschieden wird zwischen starken und schwachen Sprachen, erstere ist die dominierende Sprechweise von beiden und zumeist die, die man von klein auf gelernt hat.

Die dominante Sprache kann aber durchaus von der zunächst schwächeren Sprache abgelöst werden, beispielsweise wenn sich die Lebensumstände durch eine Auswanderung, Flucht oder andere Lebensereignisse langfristig wandeln.[65] Die Erstsprache wird häufig auch die „Muttersprache" genannt und die Zweitsprache die „Familiensprache". Die Familiensprache unterscheidet sich von der Muttersprache insofern, weil sie die Sprache ist, die in der Familie am häufigsten verwendet wird und sich im Alltag, bei beispielsweise zwei unterschiedlich sprachigen Elternteilen, auf eine Ausdrucksweise geeinigt werden muss. Die Zweitsprache ist außerdem jene, welche nach der Erstsprache erlernt wird.[66]

Die Zweitsprache wird in der neuen Lebensumgebung erlernt und muss täglich geübt werden. Wie aber bereits in meiner Arbeit festgestellt wurde, wird dies selbst im Kindergartenalter weder in den Familien noch in der Einrichtung selbst genügend

---

[63] Vgl. Bundesministerium für Familie, Senioren, Frauen und Jugend (Hrsg.): Familien ausländischer Herkunft in Deutschland. Leistungen, Belastungen, Herausforderungen- Sechster Familienbericht, Berlin 2000, S. 172.

[64] Vgl. Günther, B./Günther, H.: Erstsprache und Zweitsprache. Einführung aus pädagogischer Sicht. Weinheim und Basel 2004. S. 32.

[65] Vgl. ebd., S. 33.

[66] Vgl. Günther, B./Günther H.: Erstsprache und Zweitsprache. Einführung aus pädagogischer Sicht. a.a.O. S. 33.

gelernt und das, obwohl der Stellenwert dieser Zweitsprache extrem bedeutsam ist. Gerade im frühen Kindesalter ist das Erlernen einer Zweitsprache noch deutlich leichter, sodass hier lebensentscheidende oder zumindest folgenreiche Vorkehrungen getroffen werden müssten.[67]

In Kapitel 6 sollen dann Möglichkeiten aufgezeigt werden, wie Unterschiede der Deutschsprachkompetenzen gesenkt werden können, doch zunächst sollen noch Schwierigkeiten der Festlegung der deutschen Sprache im Unterricht, die Erklärungsansätze und Sprachstandsfeststellungsverfahren vorgestellt werden, um so bestmögliche Problemlösungsvorschläge darbieten zu können.

3. Benachteiligung durch die Festlegung der deutschen Sprache im Unterricht

Da Kinder aus zugewanderten Familien mit Mehrsprachigkeit in das deutsche Schulsystem eintreten, ist ihre Sprachentwicklung oft sehr unterschiedlich. Dies wird im Schulalltag allerdings selten beachtet. Dieses Kapitel soll Aufschluss darüber geben, wie immens die Differenz zwischen der Sprachkompetenz von Migrationskindern und der festgelegten, deutschen Sprache im Unterricht ausfällt. Gogolin sieht dies in erster Linie darin begründet, dass die Schule ein monolinguales Selbstverständnis innehat, welches jedoch zu großen Problemen in den Lehr- und Lernsituationen führt.[68] Es wird im Folgenden außerdem gezeigt, wie sehr das dreigliedrige Bildungssystem die sozialen Diskrepanzen fördert. Bereits vor der Einschulung wird zumeist von einer homogenen deutschsprachigen Schülerschaft ausgegangen, wobei die mehrsprachigen Kinder deutlich mehr leisten müssen als einsprachige SuS.

---

[67]Vgl. Dimroth, C.: Zweitspracherwerb bei Kindern und Jugendlichen: Gemeinsamkeiten und Unterschiede, In: Anstatt, T.: Mehrsprachigkeit bei Kindern und Erwachsenen. Erwerb – Formen – Förderung, Tübingen 2007, S. 115.

[68]Gogolin, I.: Der monolinguale Habitus der multilingualen Schule, Münster/New York 1994, S. 3.

a. Vorgaben des Bildungssystems

Die Praxis der Schule ist der monolingualen Norm angepasst, was sich sowohl in der Unterrichtssprache, den Inhalten als auch in den Erwartungen der LehrerInnen an den SuS wiederspiegelt und somit auch in der Selektion. Dies mag, nach Gogolin, an der Geschichte der Schulentwicklung liegen, die eine Prägung des Nationalstaates trägt.[69] Im Laufe des 19. Jahrhunderts entwickelte sich in Preußen das staatlich finanzierte und organisierte Bildungssystem, das ebenso die Aufgaben der Schulen verteilte. Dann wurden diese in die Legitimationsfunktion durch Förderung des Nationalbewusstseins, die Qualifikations- und Selektionsfunktion zur besseren Entfaltung der Wirtschaft durch Professionalität, sowie der Qualifikationsfunktion im Sinne der Stärkung von Individualität übertragen.[70] Es wurde das Ziel verfolgt, junge Menschen durch Qualifikation und Staatsbewusstsein zu einem wertvollen Mitglied der deutschen Gesellschaft vorzubereiten.

Krüger-Potratz hat sich eingehend mit der Frage der Bildungs(un)gleichheit im nationalen Schulsystem beschäftigt und kommt daher zu dem Schluss, dass viele augenblickliche Probleme in der Geschichte verwurzelt sind, denn:

> „Entscheidend ist, dass im Laufe des 19. Jahrhunderts die altersgemäße Beherrschung der deutschen Sprache zu den als `normal` (im Sinne von selbstverständlich) angesehen Voraussetzungen für den Besuch der (Volks-) Schule in Deutschlanddurchgesetzt wurde; damit wurde `Anderssprachigkeit` zum Ausschlusskriterium"[71]

Die Sprache war Teil der Homogenität, welche zum Erreichen eines einheitlichen, nationalgeprägten Bewusstseins angestrebt wurde. Hierfür sind Selektionsmöglichkeiten in der Entstehungszeit des Bildungssystems gewählt worden, die bis heute teilweise im Umgang üblich sind, wodurch aber mehrsprachige Kinder eindeutig Nachteile im Schulalltag erleben. Krüger bestätigt, dass schon damals diese Unterschiede der Schülerschaft Thema waren:

> „Zu diesen `Lösungen` gehörte zum Beispiel die bis zur Verabschiedung des Reichsgrundgesetzes 1920 vorfindliche Teilung in ein niederes und ein höheres

---

[69] Vgl. ebd.: S. 41.
[70] Vgl. Herrlitz, H./Hopf, W./Titze, H.: Deutsche Schulgeschichte von 1800 bis zur Gegenwart, Weinheim/München 1993.
[71] Krüger-Potratz, M.: Interkulturelle Bildung. Eine Einführung, 2005, S. 83.

Schulwesen, zwecks Trennung nach sozialer Lage, eine Teilung, die ihre Fortsetzung in der Dreigliedrigkeit des Schulsystems gefunden hat, ferner die Geschlechtsspezifische Beschulung bzw. über längere Zeit auch der Ausschluss von Mädchen von bestimmten Bildungsgängen, die Teilung von Jahrgangsklassen zur Schaffung altershomogener Lerngruppen, die Trennung der Schulen nach Konfession und Religion […]die Aussonderung von Kindern, die der jeweils gesetzten Norm physischer und psychischer Gesundheit nicht genügten,[…] und deren Ausschluss, wenn sie als nicht schulfähig angesehen wurden"[72]

Das dreigliedrige Bildungssystem stellte sich die Aufgabe, SuS nach ihren schulischen Leistungen und Kompetenzen zu bewerten. Diese Gliederung wurde durch die schulische Qualifikation und andererseits durch die Einteilung der Berufsgruppen gerechtfertigt. Die Hauptschule als „praktisch begabte Unterschicht" und das Gymnasium als Schule für „abstrakt Begabte"[73].

Es sollte so innerhalb jeder Schulform eine homogene Schülerschaft erreicht werden, jedoch hatten auch damals schon nicht alle SuS die deutsche Sprache als Muttersprache inne und waren somit nicht Teil der „Nationalkultur".[74] Die gemeinsame Sprache wurde als Mittel zum vollkommenen Nationalbewusstsein, zum Zusammenhalt aller verstanden.

Die Dreigliedrigkeit entwickelte sich jedoch auch selbstständig aus sich heraus, woran die Sprache ihren Anteil hatte. Die Volksschule legte ihren Fokus auf die Förderung der Identitätsbildung durch die Muttersprache, wohingegen die Realschule einerseits die Identitätsbildung und andererseits bereits die Anwendung von Fremdsprachen mit einbezog. Laut dem Profil der Realschule hatte die Gesellschaft einen Bedarf an sprachlich qualifizierten Bürgern, die die Wirtschaft durch Gewerbe- und Handelsbeziehungen antreiben sollte.[75] Im Gymnasium wurde hingegen das

„komplementäre Verhältnis hergestellt, indem die Entfaltung des Deutschen die Eröffnung des geschichtlichen Raumes, der Rückgriff auf die Antike an die Seite gestellt; dies eröffnete den künftigen Staatsdienern und politisch Leitenden die

---

[72] Vgl. ebd., S. 65.
[73] Vgl. Baumert J./Cortina, K./Leschinsky, A.: Grundlegende Entwicklungen und Strukturprobleme im allgemein bildenden Schulwesen,In: Das Bildungswesen in der Bundesrepublik Deutschland, Reinbek bei Hamburg 2003, S. 56.
[74] Gogolin, I.: Der monolinguale Habitus der multilingualen Schule, Münster/New York 1994, S. 41.
[75] Vgl. Baumert J./Cortina, K./Leschinsky, A.: Grundlegende Entwicklungen und Strukturprobleme im allgemein bildenden Schulwesen, In: Das Bildungswesen in der Bundesrepublik Deutschland, Reinbek bei Hamburg 2003, S. 58.

Perspektive von Gestaltbarkeit und Grenzen der Gestaltbarkeit von Geschichte und Gesellschaft"[76].

Die bekannte Ausrichtung der einzelnen Schulen wurde 1955 im Düsseldorfer Abkommen schriftlich fixiert und diente der Vereinheitlichung des Schulwesens. Die Sprache als prägnantes Merkmal war Teil des nun verbindlichen Grundmodells.[77] Das Modell wurde ab 1960 immer wieder abgewandelt, die Basis blieb jedoch dieselbe. Die Nachfrage nach höheren Bildungsabschlüssen verkürzte beispielsweise die Dauer des Gymnasialbesuchs in manchen Bundesländern und auch die Dauer der Studiengänge, man denke hierbei exemplarisch an das Lehramtsstudium, das sich verkürzte, um eine schnellere Eingliederung in die Wirtschaft zu ermöglichen. Die Schule bereitet junge Menschen aber nicht nur auf das öffentliche Leben vor, sondern vermittelt auch moralische Wertevorstellungen.

Nachdem nun die zentrale Stellung der deutschen Sprache im Bildungssystem hervorgehoben wurde, wird die Bedeutung des Faches Deutsch umso deutlicher. Die Selektion der SuS aufgrund ihrer sprachlichen Fertigkeiten ist aus der historischen Entwicklung heraus entstanden und ist bis heute eine wesentliche Bedingung zum Erreichen des höheren Bildungsabschlusses. Die SuS von heute unterscheiden sich jedoch stark von denen im 19.Jahrhundert. Wie bereits in den vorherigen Kapiteln deutlich wurde, ist nun ein erheblicher Anteil der SuS mit ausländischen Wurzeln Teil der deutschen Gesellschaft.

Im Anbetracht dieser nicht zu vernachlässigenden Zahl an Kindern mit Migrationshintergrund, darf die einseitige monolinguale Form des Unterrichts nicht starr bleiben. Die sprachlichen Kapazitäten sind bei mehrsprachigen jungen Menschen ganz andere, als bei denen mit deutscher Muttersprache, was besonders beim Übertritt in die Sekundarstufe Folgen hat. Diese monolingual orientierten Ansprüche können diesen SuS nicht entsprechen, denn erstens haben ihre deutschen Mitschüler eine zeitliche Überlegenheit, die permanente Übung zu Hause im Elternhaus und zweitens werden ihre zusätzlichen Fertigkeiten, die

---

[76]Gogolin, I.: Der monolinguale Habitus der multilingualen Schule, Münster/New York 1994, S. 100.
[77]Vgl. Baumert J./Cortina, K./Leschinsky, A.: Grundlegende Entwicklungen und Strukturprobleme im allgemein bildenden Schulwesen.In: Das Bildungswesen in der Bundesrepublik Deutschland, Reinbek bei Hamburg 2003, S. 55.

Mehrsprachigkeit, im deutschen Bildungssystem gar nicht genutzt und entsprechend gefördert. Die geschichtliche Entwicklung der Schule und die zentrale Bedeutung der deutschen Sprache für junge Menschen zeigen klar, wie die Migrationskinder benachteiligt werden. Ob und inwieweit die einzelne Lehrkraft hierbei den Normansprüchen und den Kindern mit ausländischen Wurzeln gerecht werden kann, soll nun im Folgenden dargestellt werden.

b. Die Bedeutung des Lehrers im Unterricht

Durch subjektive Selektion durch den Lehrer werden die sprachlichen Äußerungen von SuS mit Migrationshintergrund besonders kritisch beurteilt, da Lehrkräfte mit „normalen" Sprachfertigkeiten abweichende Ausdrucksweisen in der Regel als defizitär empfinden. Sprachmischungen oder Codeswitching werden daher als schlechtere Leistung eingestuft. Ob Mehrsprachigkeit in der Schule berücksichtigt wird, kann von der Lehrkraft durch dessen Beurteilung stark beeinflusst werden, so Gogolin.[78] Gogolin und Neumann betreuten ein Vorhaben, bei dem die Sprachpraxis an einer Hamburger Grundschule geprüft wurde. Gogolin wertete ihre Ergebnisse in ihrem Werk zum „monolingualen Habitus der multilingualen Schule" aus und bestimmte hier den Begriff „Habitus" im Zusammenhang mit der deutschen Schule genauer und beschrieb ihn als „Formen die den Inhabern so erscheinen, als gehörten sie zur Natur der Sache."[79] Die Resultate der Befragungen bestätigten, dass die ErzieherInnen von einer monolingualen Norm im Sprachgebrauch ausgehen und dementsprechend Sprachkompetenzen beurteilen. Die sprachliche Palette im Klassenraum, die Erfahrungen der unterschiedlichen SuS, ihre Kompetenzen und der Einfluss des Sprachgebrauchs innerhalb der Familien wurden von PädagogeInnen verkannt.[80] Die Lehrkräfte waren sich zwar der Vielfalt im Klassenzimmer bewusst, jedoch nicht den sprachlichen Differenzen. Nur eine von ihnen beschrieb die sprachlichen Kompetenzen zwar nicht als „verarmt oder reichlich fehlerbehaftet", jedoch als syntaktisch einfach. Ein Drittel der Befragten vertrat den Standpunkt, dass

---

[78]Gogolin, I.: Der monolinguale Habitus der multilingualen Schule. Münster/New York 1994, S. 24.
[79]ebd., S. 5f.
[80]Vgl. ebd.

ihre SuS mit Migrationshintergrund eine merklich weniger gewählte Sprache verwenden als die deutschen Mitschüler.[81]

Die Problematiken des Zweitspracherwerbs bleiben von den Lehrkräften oft unerkannt, denn die Lebenswelt der Kinder mit Migrationshintergrund ist sprachlich gesehen eine völlig andere als die der deutschen Kinder. Der monolinguale Maßstab wird häufig zur Vergabe von Noten bei Mehrsprachigen angewandt, ohne die Leistungen dieser SuS zu berücksichtigen. Die Bildungsstätte ist gleichzeitig ein Ort, der gesellschaftliche Ansprüche und individuelle Fähigkeiten vereinen könnte, hierzu muss sich der Unterricht der sprachlichen Bildung aller widmen. Vor allem Mehrsprachige benötigen mehr Berücksichtigung bezüglich ihrer Bedingungen und ihrer Bedürfnisse und die Unterrichtssprache Deutsch sollte hierbei offener und entwicklungsfördernder gestaltet sein – jedoch für alle SuS.

c. Differenzierte Kompetenzen im Deutschen als Voraussetzung

Die Schulen erwarten bereits vor der Einschulung eine sprachliche Bildung, die insbesondere Kinder mit Migrationshintergrund nicht haben. Sie entwickeln sich erst in wechselseitiger Beeinflussung von Schule und häuslicher Umgebung. Wie im letzten Kapitel gezeigt wurde, entspricht die alltägliche Ausdrucksweise nicht der Unterrichtssprache. Und trotzdem erwarten die Schulen das Beherrschen der Sprache vorab. Durch diese Eigenwahrnehmungversteht sich die Schule als Institution, die die Sprache der SuS vor allemverfeinert.

Unterschiedliche Sprachkompetenzen sind somit bereits in der ersten Klasse sehr deutlich. Aber nicht nur Kinder mit Migrationshintergrund haben unterschiedliche Entwicklungsstufen beim Erwerb der Sprache, sondern auch bei deutschen Kindern konnte festgestellt werden, dass ihre Fähigkeiten durchaus ebenso heterogene Fähigkeiten darstellen wie bei ihren ausländischen Mitschülern.[82]

Die Chancen der Schüler mit Migrationshintergrund sind somit vorab schlechtere, da die Schule diese Mehrsprachigkeit von Beginn an durch ihr Selbstverständnis zu wenig würdigt. Außerdem wird die Fachsprache des Unterrichts zu wenig vermittelt,

---

[81] Vgl. ebd., S. 132.
[82] Mecheril, Paul: Prekäre Verhältnisse. Über natio-ethno-kulturelle (Mehrfach-)Zugehörigkeit, Münster, New York 2003, S. 150.

sodass diese SuS mit diesem Problem alleine dastehen, am gravierendsten jedoch die mehrsprachigen Kinder.

Gogolin geht dabei auf die Unterrichtspraxis ein und meint: „Deutsch ist die Sprache, in der das schulisch kodifizierte Wissen gelehrt wird."[83] Wenn man nun die kulturelle und sprachliche Heterogenität berücksichtigt, dann stellt man fest, dass die schulischen Vorhaben einseitig sind. Das daraus resultierende Missverständnis über die Förderbedürftigkeit, lässt den Kindern viel zu wenig notwendige individuelle Unterstützung zukommen. Diese sprachliche Kodierung lastet eindeutig auf den mehrsprachigen SuS und führt zu schlechteren Bildungschancen.

Besonders das Werk von Mecheril beschäftigt mit den ungleichen Erfolgsmöglichkeiten von ausländischen Kindern in deutschen Schulen.[84] Er betont, wie sehr die Schulen Ungleichheit erzeugen, denn sie würden von einer privilegierten Schülerschaft ausgehen und von diesem Standpunkt aus werden dann alle gleich behandelt. Diese (auch sprachlich) gesetzte Norm lässt jedoch die Fertigkeiten von Mehrsprachigen außer Acht. Wenn nun also der Unterricht lediglich zum Optimieren der Sprachmöglichkeiten einer privilegierten Schülerschaft da ist, dann stellt es die Schüler mit ausländischen Wurzeln vor großen Schwierigkeiten. Daher sollen nun Erklärungsansätze für diese Benachteiligung erläutert werden, denn nur wenn die Ursachen bekannt sind, kann man diesen entgegenwirken.

4. Erklärungsansätze für die Benachteiligung von Migrationskindern

Wie wichtig Bildung heute ist, ist gar nicht so leicht pauschal zu beantworten. Feststeht jedoch, dass ein guter Bildungsabschluss häufig mit dem gesellschaftlichen Status zusammenhängt – was sicherlich vor dem zweiten Weltkrieg oder geschichtlich noch weiter zurück noch anders gewesen sein mag. Von diesem Blickwinkel aus kann man dem Thema der Chancen(un)gleichheit im deutschen Bildungssystem gar nicht genug Autmerksamkeit schenken. Es muss daher weiter

---

[83]Gogolin, I.: Der monolinguale Habitus der multilingualen Schule, Münster/New York 1994, S. 24.
[84]Mecheril, Paul: Prekäre Verhältnisse, New York 2003, S. 151.

versucht werden die Sprachenbildung und Kompetenzförderung für junge Menschen auszubauen.[85]

Studien in der Bildungssoziologie sprechen eine deutliche Sprache: Immer noch sind, trotz Bildungsreformen, die Bildungsmöglichkeiten eine Frage der sozialen Herkunft und der Nationalität.[86] Auf Grund der Tatsache, dass bei den Kindern unterschiedlicher Herkunft Disparitäten im Bildungserfolg herrschen, lässt sich schlussfolgern, dass hierfür allein oder vor allem das Bildungssystem verantwortlich ist. Jedoch suchen die Bildungsforschung, und auch diese Arbeit, nach weiteren Antworten, warum Bildung so ungleich vermittelt wird und wie dies in Zukunft möglicherweise auszugleichen ist. Daher soll nun, neben den strukturellen Gegebenheiten an den Schulen, auch am Individuum selbst, seinem familiären Umfeld nach Ursprüngen der Missstände gesucht werden.

a. Individuum orientierte Erklärungsansätze

i. Kulturelle Defizite als mögliche Erklärung

Diefenbach vertritt die Ausgangsthese, dass kulturelle Defizite zu geringerem Schulerfolg führten. Als kulturelle Defizite werden persönliche Verhaltensweisen und Fertigkeiten verstanden, welche nicht dem „Standard" entsprächen. Somit würden diese soziokulterellen Dispositionen letztendlich zu unterschiedlichem Bildungserfolg führen, insbesondere im Vergleich zu monolingualen SuS.[87] Was und wo genau diese Defizite im Einzelnen herrschen sollen, wird von den Wissenschaftlern unterschiedlich beschrieben. So nennt Tränhardt einen möglichen Unterschied im Umgang zwischen Kindern und Eltern. Wie bereits erläutert, sind besonders spanische und griechische Migrationskinder Spitzenreiter von guten Schulleistunge unter den ausländischen SuS. Dies mag nach Tränhardt darin begründet liegen, dass diese Migrantenfamilien sehr früh die Initiative ergreifen,

---

[85]Vgl. Deutsches PISA-Konsortium (Hrsg.): PISA 2000 - Die Länder der Bundesrepublik Deutschland im Vergleich, a.a.O., S. 325.

[86]Vgl. Becker, R./ Lauterbach, W.(Hrsg.): Bildung als Privileg – Ursachen, Mechanismen, Prozesse und Wirkungen, In: Becker, R./Lauterbach, W.(Hrsg.): Bildung als Privileg. Erklärungen und Befunde zu den Ursachen der Bildungsungleichheit, 2., aktualisierte Auflage,Wiesbaden 2007, S. 9.

[87]Vgl. Diefenbach, H.: Bildungschancen und Bildungs(miss)erfolg von ausländischen Schülern aus Migrantenfamilien im System schulischer Bildung, a.a.O., S. 223.

wenn es um die Frage der Einschulung geht und sogar eigens Vereine hierfür gründeten.[88] Dieses Verhalten ist bei türkischen oder italienischen Familien nicht zu beobachten und das obwohl beide Nationalitäten am längsten in Deutschland leben.

Ein weiterer Aspekt ist der, dass die Sprache der neuen Heimat in der Familie weniger gesprochen wird als in der Schule. Baumert erläutert hierzu:

„Auffällig ist dabei vor allem die geringere Tendenz der türkischen Zuwanderer, in der Familie Deutsch zu sprechen. Der Anteil derjenigen, die dies tun, nimmt zwar mit der Aufenthaltsdauer zu, er ist jedoch deutlich kleiner als unter den Zuwanderern anderer Länder."[89]

Baumert sieht hierfür zweierlei Begründungsmöglichkeiten. Einerseits vermutet er, dass bei einem überwiegendem Anteil der Status in der Gesellschaft eine Hemmung hervorrufen, andererseits wollen und dürfen die Familien unterschiedlich lange bzw. nur kurz in Deutschland leben und sehen daher vielleicht keine Notwendigkeit für den Gebrauch der deutschen Sprache im Alltag.

Nahe liegt natürlich auch die Begründung, dass die Vielzahl der türkischen Menschen in größeren „Stammesgemeinschaften" beieinander leben und somit die alltägliche Umgangssprache die türkische ist.[90]

Diefenbach nennt weiter eine interessante Studie (von Leenen), welche herausfand, dass türkischstämmige Familien dem Lernen, der Schule und dem Lehrer selbst mit einer sehr traditionellen Einstellung gegenüberstehen. Die uneingeschränkte Achtung des Lehrers wird hier nun ein Stückweit angezweifelt, da die moderne Einstellung zu Individuum und Gesellschaft Skepsis und Misstrauen hervorrufen. Kinder, die nun in der Schule neue Wege und Kenntnisse vermittelt bekommen, müssen sich für die Übernahme einer bestimmten sozusagen „modernen" Haltung entscheiden oder aber sie gehen den möglicherweise mühsamen Weg des Widerstandes, da ein Familienkonflikt drohen könnte.[91]

---

[88]Vgl. Thränhardt, D.: Einwandererkulturen und soziales Kapital. Eine komparative Analyse. In: Thränhardt, D./Hunger, U. (Hrsg.): Einwanderer-Netzwerke und ihre Integrationsqualität in Deutschland. Münster 2000, S. 45.

[89]Vgl. Baumert, J.; Stanat, P.; Watermann, R. (Hrsg.): Herkunftsbedingte Disparitäten im Bildungswesen. Vertiefende Analysen im Rahmen von PISA 2000, a.a.O.,S. 224f.

[90]Vgl. ebd., S. 239.

[91]Vgl. Diefenbach, H.: Bildungschancen und Bildungs(miss)erfolg von ausländischen Schülern aus Migrantenfamilien im System schulischer Bildung, a.a.O., S. 225.

Es erklärt sich mit diesem Ansatzsomit, dass die mehrsprachigen Kinder oft vorbelastet sind und dies ein Grund ist, warum sie geringere Bildungschancen haben als die deutschen Mitschüler. Ungeklärt bleibt jedoch, weshalb dies nicht für alle Nationalitäten gleichermaßen gilt? Um eine zufriedenstellendere Antwort zu finden, soll im Fortgang zunächst die humankapitaltheoretische Erklärung untersucht werden und dann die Struktur der Schule, da wie Diefenbach meint „verschiedene Varianten der kulturell-defizitären Erklärungsansätze den Status von Plausibilität bescheinigen"[92],aber andere Möglichkeiten zudem in Betracht gezogen werden müssen.

ii. Humankapitaltheoretische Erklärung

Neben den kulturellen Defiziten gibt es, ebenso nach Diefenbach, die humankapitaltheoretische Erklärung. Diese basiert darauf, dass Menschen in Bildung investieren, dadurch ihr Humankapital erhöhen und dies deutsche Familien offenbar mehr tun als ausländische, sodass daraus resultierend Unterschiede im Bildungserfolg entstehen. Diefenbach definiert Humankapital als „alle Investitionen, die in einem Menschen im Verlauf seiner Erziehung und Ausbildung gemacht werden und die monetäre oder nicht monetäre Erträge bringen".[93]

Als Merkmale des Humankapitals gelten neben der Schul- und Berufsausbildung der Eltern ihr Einkommen, das Einbeziehen der Kinder in Gespräche und auch die Investitution in kulturelle Güter wie Bücher, Kunst, Musik und ähnliches.[94] Natürlich gehören aber neben den Gesprächen und deren Themen auch die Wertevermittlung und Rituale (beispielsweise dem Kind etwas abends vorlesen), welche der Entwicklung im Sinne der Bildung förderlich sind. Ebenso bestätigt *PISA 2000*, dass „familiäre Lebensverhältnisse [...] wichtige kulturelle und soziale Ressourcen sind, die Bildungswege nicht vom Kindergarten an festlegen, wohl aber mehr oder weniger anbahnen können".[95]

So erreichen Kinder mit Migrationshintergrund aus bessersituierten Sozialschichten durch gezielte Förderung, Erziehung und Materialien bessere Leistungen, als Kinder

---

[92]Vgl. ebd., S. 225.
[93] Vgl. ebd., S. 234.
[94]Vgl. Baumert, J.; Stanat, P.; Watermann, R. (Hrsg.): Herkunftsbedingte Disparitäten im Bildungswesen. Vertiefende Analysen im Rahmen von PISA 2000, a.a.O., S. 230.
[95] Vgl. Deutsches PISA-Konsortium (Hrsg.): PISA 2000 - Die Länder der Bundesrepublik Deutschland im Vergleich. Opladen 2002, S. 351.

mit Migrationshintergrund aus Arbeiterfamilien.[96] Beckers Untersuchungen belegen, dass ökonomische Ressourcen in Abhängigkeit zu den Entscheidungsabläufen stehen und diese zwischen den Sozialschichten abweichen.[97] Eltern aus besseren Bildungsschichten haben häufig das Anliegen, ihre Kinder möglichst auf der selben oder einer besseren Schulart vorzufinden, wohingegen sozialschwächere Familien diesen Ehrgeiz seltener entwickeln. Von fast zwei Drittel von ausländischen Beschäftigten, sind ungefähr die Hälfte als ArbeiterInnen in Berufen tätig sind in denen nur ein Anlernen notwendig ist.[98] Die humankapitaltheoretischen Anlagen sind dementsprechend weniger ausgeprägt, sodass Kinder aus diesen Familien geringere Chancen haben.

Ein interessanter Aspekt ist auch der Zusammenhang mit der Kinderzahl der Familie. Je mehr Kinder eine Familie mit Migrationshintergrund hat, desto unwahrscheinlicher wird ein höherer Bildungsabschluss dieser Kinder, auch wenn überraschenderweise (anders als bei deutschen Kindern) ein geringerer Zusammenhang zwischen ökonomischem und kulturellem Bestand besteht.[99]

Eine Erklärung hierfür ist, dass die Bindung zwischen Bildung und Gehalt nur gering ist. Korte deutet an, der ungewisse Aufenthaltsstatus sei hierfür der Grund. Für die Eltern seien somit die Bildungsabschlüsse der Kinder ein zweitrangiges Thema und ein früher Verdienst als Unterstützung in ihren Augen sinnvoller.[100] Diese Ansicht kann ich bisher jedoch nur bedingt teilen und würde hier der Argumentation von Diefenbach eher zustimmen wollen. Dieser bestätigt zwar den geringen Zusammenhang von Bildung und Kapital, jedoch mit der Begründung, dass die

---

[96]Vgl. Becker, R./ Lauterbach, W.(Hrsg.): Bildung als Privileg – Ursachen, Mechanismen, Prozesse und Wirkungen, a.a.O., S. 12.

[97]Vgl. ebd., S. 13.

[98]Vgl. Deutsches PISA-Konsortium (Hrsg.): PISA 2000 - Die Länder der Bundesrepublik Deutschland im Vergleich, a.a.O., S. 346.

[99]Vgl. Nauck et al.: Intergenerationale Transmission von kulturellem Kapital unter Migrationsbedingungen. Zum Bildungserfolg von Kindern und Jugendlichen aus Migrantenfamilien in Deutschland, Zeitschrift für Pädagogik, H. 44/1998, S. 701f.

[100]Vgl. Korte, E.: Die Rückorientierung im Eingliederungsprozess der Migrantenfamilien. In: Hartmut, E.;Friedrichs, J. (Hrsg.): Generation und Identität, Opladen 1990, S. 228.

Eltern ihre Qualifikationen, und damit ihr Humankapital, in unsere Gesellschaft nicht einbringen können, weil es nicht genügend anerkannt ist.[101]

b. Strukturelle Erklärungsansätze in der Schule

i. Strukturdefizite

Von den individuellen und familiären Erklärungsansätzen sollen nun die gesellschaftlichen und schulischen Strukturen untersucht werden, um auch hier Schwachstellen aufzudecken.

Zunächst einmal muss festgehalten werden, dass sich ausländische SuS jeden Tag aufs Neue im Unterricht, im Klassenzimmer und in der Schule zurechtfinden müssen. Bei ihnen laufen andere Lernprozesse ab, als bei deutschen Kindern und sie müssen ständig die Kontexte erneut zuordnen können. Die *Kultusministerkonferenz* bestimmt in diesem Zusammenhang „Kontextbedingungen", welche je nach Schulart unterschiedlich bestehen. Es entstehen damit also auch ungleiche Verhältnisse und somit auch Vor- und Benachteiligung der jeweiligen SuS.[102]

Ebenso warnt *PISA 2003* vor dem dreigliedrigem Schulsystem, welches weitere Gefahren einer Benachteiligung birgt.[103] Schwierig ist, dass nach der vierten Klasse der weitere Bildungsweg entschieden werden muss und daher die Interventionen in einem knappen Zeitraum umgesetzt werden und somit früh Früchte des (Miss)Erfolgs geerntet werden müssen.

Das ist selbst für deutsche Kinder schwierig, für ausländische jedoch noch viel mehr, da sie die Teilhabe an kultureller und sozialer Integration erst lernen müssen. Sie müssen ihre eigene und die deutsche Kultur in Einklang bringen, um somit,nebenbei bemerkt, ihre Kultur und ihre Identität nicht zu verlieren. Außerdem müssen sie sprachliche und grammatische Strukturen mindestens einer neuen Sprache erlernen,

---

[101]Vgl. Diefenbach, H.: Bildungschancen und Bildungs(miss)erfolg von ausländischen Schülern aus Migrantenfamilien im System schulischer Bildung, a.a.O. S., 229.
[102]Vgl. Kultusministerkonferenz und Bundesministerium für Bildung und Forschung (Hrsg.): Bildungsbericht für Deutschland. Erste Befunde, a.a.O., S. 230.
[103]Vgl. Deutsches PISA-Konsortium Deutschland (Hrsg.): PISA 2003. Der Bildungsstand der Jugendlichen in Deutschland – Ergebnisse des zweiten internationalen Vergleichs, a.a.O., S. 240f.

welche dann miteinander konkurrieren.[104] Es soll aber auch die Schülerverteilung der Klassen als mögliches strukturelles Problem gesehen werden, da schulisches Lernen durch Minoritäten gehemmt werden kann.

Nach Diefenbachs Untersuchungen ist es somit nicht wirklich überraschend, dass SuS mit Migrationshintergrund im Vergleich zu deutschen Kindernhäufig auf der Schattenseite des Bildungssystems stehen. Bereits in der vorschulischen Erziehung, im Primarbereich und im Bereich der Sekundarbildung lassen sich Nachteile feststellen, welche im weiteren Verlauf durch die ethnische Auffächerungen die ausländischen Kinder von den deutschen Kindern weiter abtrennt.[105]

ii. Diskriminierung durch die Institution

Dieser Bereich wird erst seit wenigen Jahren erforscht, und nimmt die Erwartungshaltungen an die SuS, die Umsetzung der Selektionsfunktion und andere Bereiche genauer in den Blick, um weitere Gründe für den mangelnden Bildungserfolg von ausländischen Kindern zu finden.[106]

Gomolla und Radtke widmeten sich genau diesem Thema und fanden in ihrer Studie heraus, dass die „institutionelle Diskriminierung" durch statistisch messbare Unterschiede bei deutschen und ausländischen Kindern belegbar sei. Die Schule und ihre Entscheidungen seien eine weitere Ursache, warum mehrsprachige Kinder im deutschen Bildungssystem benachteiligt werden.[107] Es wurden im Hinblick auf die Umsetzung von staatlichen Vorgaben und individuellen Schulprofilen Gutachten und Fragebögen von den jeweiligen Schulbeteiligten ausgewertet. Offenbar wurde diese staatlichen Vorgaben und individuellen Schulprofilen nicht zum Vorteil der ausländischen SuS umgesetzt.[108] Sie rekonstruierten an den jeweiligen Standorten, an

---

[104]Vgl. Pommerin-Götze, G.: Zur Bildungssituation Jugendlicher mit Migrationshintergrund, a.a.O., S. 152.

[105]Vgl. Diefenbach, H.: Bildungschancen und Bildungs(miss)erfolg von ausländischen Schülern aus Migrantenfamilien im System schulischer Bildung, a.a.O., S. 223.

[106]Vgl. ebd., S. 233.

[107]Vgl. Gomolla, M/Radtke, F: Institutionelle Diskriminierung in der Schule, In: Gogolin, I/Nauck, B (Hrsg.): Migration, gesellschaftliche Differenzierung und Bildung, Opladen 2006, S. 321.

[108]Vgl. Diefenbach, H.: Bildungschancen und Bildungs(miss)erfolg von ausländischen Schülern aus Migrantenfamilien im System schulischer Bildung, a.a.O., S. 224

denen Entscheidungen gefällt wurden, ein Diskriminierungssystem, welches sich insbesondere auf die Sprachkompetenzen und die familiären Hintergründe konzentrierte. Insbesondere die Einschulungen boten interessante Ergebnisse, beispielsweise wenn Förderklassen (nicht) gebildet wurden:

> „Die Zuweisung von Migrantenkindern in separate Förderklassen aufgrund von Sprachdefiziten und Entwicklungsretardierungen kann mit forciertem Spracherwerb und dem Ziel einer raschen Integration erfolgen. Doch besonders an Schulen, die die Möglichkeit der Delegation von „Problemkindern" in Förderklassen nicht mehr hatten, findet sich die Praxis, Migrantenkinder mit dem Verweis der Sprachdefizite einfach in den Schulkindergarten zurückzusetzen, obwohl diese Einrichtung ausdrücklich nicht zum Spracherwerb von Migrantenkindern vorgesehen ist."[109]

Ähnliches wurde zum Wechsel in die Sekundarstufe angewandt und auf Grund von Sprachdefiziten durch zu geringe Förderung gestattet.[110] Jene Kinder wurden von den Lehrkräften in Elternberatungsgesprächen mehrfach zurückgestuft. Trotz guter Noten wurden diese SuS für die Real- oder Hauptschulen empfohlen, mit der Begründung, ohne einwandfreie Deutschkenntnisse sei das Gymnasium nicht erfolgreich zu bestehen. So werden ausländische Kinder einer strengeren Untersuchung auf mangelnde Schulreife hin unterzogen als deutsche. Dann werden ungerechtfertigter Weise sprachliche Defizite mit anderen kognitiven Leistungen gleichgesetzt und eine Schulunfähigkeit bescheinigt.[111]

Mit diesen Ergebnissen bleibt festzuhalten, dass einerseits die Förderung der Deutschkompetenzen weiterhin ein wichtiger Ansatzpunkt ist, um den Bildungserfolg von Migrationskindern zu verbessern. Auf der anderen Seite muss aber auch die Förderung der eigenen Sprache beachtet werden, da der „monolinguale Habitus der multilingualen Schule" eher erschwerende Folgen für die Bildung hat. Das Festhalten an der eigenen Landessprache kann im 19. Jahrhundert im Zuge der nationalstaatlich verfassten deutschen Schulen noch vor einem anderen Hintergrund als heute als legitim betrachtet werden, aber sollte sich heutzutage im Anbetracht der Herausbildung einer multikulturellen und global offenen deutschen Gesellschaft eigentlich geändert haben. Dennoch ist sie bis zur Studie im Jahr 1994

---

[109]Vgl. Gomolla, M/Radtke, F: Institutionelle Diskriminierung in der Schule, a.a.O., S. 329.
[110]Vgl. ebd., S. 330.
[111]Vgl. ebd., S. 331.

offenbar ein wirksamer Faktor, welcher unbedingt kritisch überprüft und revidiert werden muss in unserer, mehr denn je, globalisierten Welt.[112]

Auffällig ist, dass in der Praxis selbst bei guten Deutschkenntnissen Schülern bevorstehende Schwierigkeiten an einer höheren Schule vorhergesagt werden. So wird auch die Option eines *späteren* Wechsels auf eine höhere Schulart gerechtfertigt, ähnlich oft der Verweis auf die Gesamtschule.[113]

Die positiven Leistungen von ausländischen Kindern an Gesamtschulen wurden bereits an anderer Stelle in dieser Arbeit erläutert, jedoch bleibt die institutionelle Problematik, dass Gesamtschulen auf Grund der hohen Nachfrage jährlich bis zu 200 Kinder ablehnen. Die Anmeldezahlen sind so hoch, sodass die Gesamtschulen ihre eigenen Anforderungen stellen und zwischen den einzelnen Bewerbern auswählen können. Die Kinder, die nicht zum Kreis der Auserwählten gehören, müssen sich anschließend mit der Entscheidung der Institution und somit mit ihrem persönlichen Problem auseinandersetzen. Um dem hohen Andrang einigermaßen gerecht zu werden, gibt es eine sogenannte Ausländerquote, welche sich anteilig an der Gesamtpopulation orientiert. Es ist jedoch davon auszugehen, dass die abgelehnten Kinder eher an eine Hauptschule, als an eine höhere Schule gehen, sofern keine explizite Empfehlung ausgesprochen wurde - vielleicht ein weiterer Grund, warum so viele SuS „nur" auf die Hauptschule wechseln.[114]

5. Sprachstandardfestlegungsverfahren bei Schülern mit Migrationshintergrund

a. Diagnostische Möglichkeiten in der Pädagogik

Bei Kindern mit Migrationshintergrund, welche schlechtere Bildungsergebnisse im Vergleich zu anderen Gleichaltrigen haben, ist eine individuelle Sprachförderung indiziert, um ihnen so die nötigen Sprachkompetenzen und entsprechenden Handlungskompetenzen zu ermöglichen, die wiederum auch zu besseren

---

[112]Vgl. Gogolin, I.: Der monolinguale Habitus der multilingualen Schule, Münster 1994, S. 3 und S. 30.
[113] Vgl. Gomolla, M/Radtke, F: Institutionelle Diskriminierung in der Schule, a.a.O., S. 331.
[114] Vgl. ebd., S. 334.

Bildungsergebnissen führen.[115] Eine tatsächliche Förderung dieser Kompetenzen ist jedoch nur möglich, wenn sie auf die einzelnen Fähigkeiten abgestimmt ist, um diese Fertigkeiten sukzessiv wachsen zu lassen. Daher sind die richtige Einschätzung der bestehenden Fertigkeiten und eine Diagnose des Sprachstandes der deutschen Sprache besonders wichtig.[116] In diesem Kapitel geht es demgemäß um die Möglichkeiten der Diagnose zur Sprachstandfeststellung. Es sollen die vorhandenen informellen und standardisierten Testverfahren erläutert werden und anhand der beispielhaften Umsetzung mit dem bayerischen Beobachtungsbogen *SISMIK* eine Option zum permanenten Begleiten der Sprachentwicklung von Kindern aufgezeigt werden. Die Sprachstandfeststellung gehört dem Bereich der Pädagogischen Diagnostik an und kann folgendermaßen definiert werden:

„Pädagogische Diagnostik umfasst alle diagnostischen Tätigkeiten, durch die bei einzelnen Lernenden und den in einer Gruppe Lernenden Voraussetzungen und Bedingungen planmäßiger Lehr- und Lernprozesse ermittelt, Lernprozesse analysiert und Lernergebnisse festgestellt werden, um individuelles Lernen zu optimieren.“[117]

Zu den „diagnostischen Tätigkeiten“ werden auch die Rahmenbedingungen gezählt, die bei einer wissenschaftlichen Untersuchung allgegenwärtig gelten müssen (siehe hierzu auch das Kapitel „Informelle Testverfahren“). Hierbei werden die Gütekriterien, durch regelmäßiges Befragen und Beobachten des Verhältnisses, eingehalten. Diese werden dann interpretiert, Ergebnisse diagnostiziert und prognostiziert. Nur so können Resultate, nach Ingenkamp und Lissmann, verbessert werden.[118]

Es erscheint logisch, dass die Pädagogische Diagnostik genauso alt ist, wie die Pädagogik selbst, denn wer Lehr- und Lernerfolge messen möchte, der muss auch nach möglichen Hindernissen suchen. So ist für Fried die Diagnostik bis heute mit dem pädagogischen Handeln eng miteinander verknüpft, und je nach Ergebnis muss

---

[115] Vgl. Ehlich, K.: Sprachaneignung und deren Feststellung bei Kinder mit und ohne Migrationshintergrund: was man weiß, was man braucht, was man erwartet, In: Bundesministerium für Bildung und Forschung (Hrsg.): Anforderungen an Verfahren der regelmäßigen Sprachstandsfeststellung als Grundlage für die frühe und individuelle Förderung von Kinder mit und ohne Migrationshintergrund. Bonn 2007, S. 11.
[116] Vgl. Rösch, H et. al. (Hrsg.): Deutsch als Zweitsprache. Grundlagen, Übungsideen, Kopiervorlagen zur Sprachförderung. Braunschweig 2003, S. 66.
[117] Vgl. Ingenkamp, K./Lissmann, U. (Hrsg.): Lehrbuch der Pädagogischen Diagnostik, 6. Auflage, Weinheim/Basel 2008, S. 13.
[118] Vgl. Ingenkamp, K./Lissmann, U. (Hrsg.): Lehrbuch der Pädagogischen Diagnostik, a.a.O., S. 13.

die Pädagogik versuchen diese bestmöglich umzusetzen.[119] Da also die Lernvorgänge mit ihren Bedingungen und Auswirkungen durch diagnostische Verfahren ermittelt werden können und positive Veränderungen in der Lernumwelt möglich sind, soll nun auf diese Schemata, die Sprachstandfeststellungsverfahren, eingegangen werden.[120]

b. Formen

i. Informelle Verfahren

In der Literatur wird zwischen informellen und standardisierten (formellen) Testverfahren unterschieden, da auf Grund von unterschiedlicher Qualitäten der Verfahren die Lehrperson zu mehr oder weniger fachlich fundiertem und pädagogisch wertvollem Handeln angeleitet werden kann.[121] Hier soll zunächst auf die erstgenannten, informellen Verfahren eingegangen werden.

Die informelle Verfahrensweise wird oft weniger aufwendig gestaltet, sowie die Eichung an einer repräsentativen Stichprobe vernachlässigt.[122] Informelle Testverfahren werden häufig innerhalb einer Klasse angewandt, um einerseits die Leistungsunterschiede in der Klasse zu verdeutlichen und andererseits individuelle Leistungsveränderungen zu messen. Insbesondere Lehrkräfte entwickeln hierfür Maßstäbe, welche sich meist an Lernzielen oder gruppenbezogenen Normen orientieren. Ein daraus resultierender Umstand ist, dass die informellen Sprachstandfeststellungsverfahren nicht so gravierende Konsequenzen haben wie standardisierte. Trotzdem verweist Kniffka auf Gütekriterien, die selbst bei diesen Messungen eingehalten werden sollen, die Inhalts- und Konstruktvalidität.[123]

---

[119]Vgl. Fried, L.: Sprachstandsdiagnostik und -förderung bei Kindergartenkindern, a.a.O., S. 5.

[120]Vgl. Ingenkamp, K.; Lissmann, U. (Hrsg.): Lehrbuch der Pädagogischen Diagnostik, a.a.O., S. 19.

[121]Vgl. Kniffka, G./Siebert-Ott, G.: Deutsch als Zweitsprache. Lehren und lernen, a.a.O., S. 118.

[122]Vgl. ebd., S. 120.

[123]Vgl. ebd., S. 121.

ii. Standardisierte Verfahren

Im Gegensatz zu den informellen Verfahren, ist das standardisierte Testverfahren weitaus aufwendiger. Der Prozess benötigt einige Erprobungsverfahren mit testmethodischer Auswertung, um so eine repräsentative Stichprobe aus der Population der Testadressaten zu erhalten.[124] So muss beispielsweise bei einem Sprachtest für kürzlich zugewanderte SuS im Alter von 10-16Jahren, auch tatsächlich genau dieser Entwicklungsprozess und diese Schülerpopulation untersucht werden. Die klassische Testtheorie aus den 70er Jahren des letzten Jahrhunderts fordert bei den standardisierten Tests, dass messmethodische Standards eingehalten werden müssen.[125] Bis heute sind die Einhaltung von Objektivität, Reliabilität und Validität als die wichtigsten von ihnen als Hauptgütekriterien bekannt.[126]

Das Gütekriterium „Objektivität" meint, dass ein Messverfahren in seiner Durchführung und seiner Analyse unabhängig von den agierenden Personen sein muss. Es wird weiter zwischen "Durchführungsobjektivität" und „Auswertungsobjektivität" unterschieden. Durchführungsobjektivität liegt dann vor, wenn die Voraussetzungen für einen standardisierten Test immer dieselben sind, sodass die Art der Durchführung keinerlei Einwirkungen auf den Ablauf hat. Auswertungsobjektivität liegt hingegen dann vor, wenn die Ergebnisse nach festgelegten Maßstäben ausgewertet werden, wie beispielsweise bei einem Multiple-Choice-Test. Klare Antworten werden hier angeboten und eindeutige Kreuze dienen der hohen Objektivität in der Auswertung. Dem gegenüber stehen beispielsweise die offenen Aufgaben wie mündliche Abfragen im Unterricht, welche an Objektivität oft zu wünschen übrig lassen und das bereits bekannte Verhalten der SuS mit einfließen lässt. Um die Subjektivität abzumildern, werden am besten zuvor Bewertungskriterien aufgestellt.[127]

---

[124]Vgl. ebd., S. 118.
[125]Vgl. Ingenkamp, K./Lissmann, U. (Hrsg.): Lehrbuch der Pädagogischen Diagnostik, a.a.O., S. 51.
[126]Vgl. Kniffka, G.; Siebert-Ott, G.: Deutsch als Zweitsprache. Lehren und lernen. Weinheim a.a.O., S. 118.
[127]Vgl. Kniffka, G.; Siebert-Ott, G.: Deutsch als Zweitsprache. Lehren und lernen, a.a.O., S. 118.

Das nächste Kriterium, das der „Reliabilität", meint, dass durch Zuverlässigkeit die Messungen stabil durchgeführt werden, um nach Möglichkeit bei gleichen Voraussetzungen auch identische Ergebnisse immer wieder erzielen zu können. Wenn dies jedoch nicht gelingt, liegen Fehler in der Messung vor und diese ist somit nicht vertrauenswürdig.[128]

Das Gütekriterium der „Validität", auch unter „Gültigkeit" bekannt, bezeichnet den Umstand inwieweit tatsächlich das gemessen wird, was gemessen werden soll. Auch hier kann man zwischen mehreren unterscheiden, die wichtigsten dürften jedoch die „Inhalts- Kriteriums- und Konstruktvalidität" sein.[129] Die „Inhaltsvalidität" beschäftigt sich mit damit, ob die Fragen des Tests überhaupt mit dem Lernstoff zusammenpassen. Mit der „Kriteriumsvalidität" wird überprüft, ob die Testergebnisse mit den Außenkriterien korrespondieren. So könnte man beispielsweise einen neuen Sprachtest im Bereich „Deutsch als Fremdsprache" mit der Schulnote *Deutsch als Zweitsprache* (DaZ) vergleichen. Wenn hier Übereinstimmungen vorhanden sind, kann davon ausgegangen werden, dass der Versuch eine hohe Kriteriumsvalidität aufweist. Die „Konstruktvalidität" entspricht der allgemeinen Definition von „Validität". Sie meint, dass also genau das gemessen wird, was gemessen werden soll und somit vorab aufgestellte Hypothesen bestätigt werden können.[130]

Standardisierte Verfahren müssen somit einigen Anforderungen entsprechen und ihr Entwicklungsprozess kann mehrere Jahre dauern. Für diese Art von Tests spricht jedoch eindeutig ihre Qualität, die damit erreicht werden kann und deren nachhaltige Schlüsse, die daraus gezogen werden können. Sprachförderungsmaßnahmen sind zwar seit einigen Jahren in der Schulbildung ein Thema und Verbesserungen tendenziell festzustellen, jedoch bedarf es noch weiterer Förderungen und weiterer Versuchen Kindern mit Migrationshintergrund ein gerechteres Bildungssystem, mehr Sprachkompetenzen und eine höheren Chance auf dem Arbeitsmarkt in Deutschland zu ermöglichen. Vielleicht wird dies möglich mit dem Verfahren von *SISMIK*, welches nun im nächsten Kapitel aufgegriffen und dargestellt wird.

---

[128]Vgl. Ingenkamp, K./Lissmann, U. (Hrsg.): Lehrbuch der Pädagogischen Diagnostik, a.a.O., S. 55.
[129]Vgl. Kniffka, G./Siebert-Ott, G.: Deutsch als Zweitsprache. Lehren und lernen, a.a.O., S. 119.
[130]Vgl. ebd. S. 120.

c. Beispiel: *SISMIK*

SISMIK bedeutet „Sprachverhalten und Interesse an Sprache bei Migrantenkindern in Kindertageseinrichtungen" und ist im Jahr 2003 von Toni Mayer und Michaela Ulrich im Staatsinstitut für Frühpädagogik (München) entwickelt worden, wird jedoch bereits bundesweit verwendet.[131] Es umfasst einen Beobachtungsbogen, welcher sich an 3,5-jährige Kinder bis zum Schuleintritt richtet, sodass relativ früh die Sprachentwicklung beeinflusst werden kann. *SISMIK* beinhaltet jedoch keinen Test im eigentlichen Sinne, sondern es ist vielmehr eine Analyse zur Klassifikation kindlicher Sprachproduktionen, die in freien, möglichst natürlichen Sprechweisen durchgeführt wird.[132] Ungünstige Entwicklungen sollen frühzeitig erkannt werden, um die sogenannte Sprachlernmotivation in Alltagsgesprächen am Frühstückstisch, Rollenspielen oder Sprachspielen möglichst zu fördern.[133] Dies kann natürlich nicht bei einer einzigen Analyse geschehen, sondern ist ein langer Prozess.

Das Ziel des Instruments wird von den Leitern folgendermaßen beschrieben:

> „Das Konzept soll der „gezielten und systematischen Beobachtung" der „normalen" kindlichen Sprachentwicklung in Kindertageseinrichtungen dienen. Es sensibilisiert für ungünstige Entwicklungen, ist aber nicht für die Diagnostik von Sprachstörungen konzipiert."[134]

Das vorrangige Ziel ist nach Fried somit nicht, eine „ungünstige" Entwicklung zu stoppen, sondern vielmehr die „normale" kindliche Sprachentwicklung zu beobachten und zu begleiten. Es soll jedoch gleichzeitig auch PädagogInnen sensibilisieren, um ihre Aufgaben und Übungen im Sprachbereich zu überdenken. Teamarbeit, bessere Absprachen, um die Entwicklung voranzutreiben sollen ebenso mit eingebunden werden.[135]

---

[131]Vgl. Roth. H.: Verfahren zur Sprachstandsfeststellung – ein kritischer Überblick, a.a.O., S. 27f.

[132]Vgl. Schnieders, G.; Komor, A.: Eine Synopse aktueller Verfahren der Sprachstandsfeststellung, a.a.O., S. 271.

[133]Vgl. http://www.ifp.bayern.de/projekte/sismik.html (Zugriff am 14.09.2014 13.55Uhr).

[134]Vgl. Schnieders, G.; Komor, A.: Eine Synopse aktueller Verfahren der Sprachstandsfeststellung, a.a.O., S. 271.

[135]Vgl. Fried, L.: Expertise zu Sprachstandserhebungen für Kindergartenkinder und Schulanfänger. Eine kritische Betrachtung, a.a.O., S. 84.

Bei der Durchführung werden Kinder im Alter von 3-6 Jahren mit Migrationshintergrund mit Hilfe eines Begleitheftes und einem Beobachtungsbogen untersucht (siehe hierzu einen Auszug im Anhang Nr.1). Enthalten sind vier Beobachtungsaufgaben:[136]

Aufgabe 1: Sprachverhalten in verschiedenen Situationen
Aufgabe 2: Sprachliche Kompetenz im engeren Sinne
Aufgabe 3: Familiensprache des Kindes
Aufgabe 4: Das Kind in seiner Familie

Aufgabe 1 beschäftigt sich mit der Beobachtung des Verhaltens des Kindes innerhalb der Einrichtung und gibt pädagogische Anregungen, die natürlich, mit der sprachlichen Interaktion eng verknüpft sind. Der Bogen beinhaltet vielerlei Situationen, wie etwa die Kommunikation mit anderen Kindern, Gespräche mit Erwachsenen, Selbstbeschäftigungen mit Bilderbüchern oder anderes. Die Aufmerksamkeit des Pädagogen/der Pädagogin richtet sich hierbei auf das Interesse des Kindes in der jeweiligen Entwicklungsstufe. So könnte die Situation am Frühstückstisch beobachtet werden, in der das Kind sich sprachlich aktiv einbringt, aufmerksam schweigt oder Desinteresse zeigt.[137]

Bei **Aufgabe 2** steht der „Sprachstand" im Zentrum der Beobachtungen und Beurteilungen. Es werden Fragen zum Verstehen von Handlungsaufgaben, zum Ausdruck und zur Grammatik gestellt, welche mit unterschiedlichen Bemühungen gelöst werden können oder auch gar nicht.[138]

Aufgabe 3 bezieht sich auf den Stand der Sprache innerhalb der Familie, welcher von den ErzieherInnen nicht beurteilt kann. Es sollen jedoch mittels dieses Bogens deutschsprachige Autoritäten dazu angeregt werden, auch wenn es nur wenige Informationen sein mögen.[139] Nur so kann das gesamte, unterschiedliche Verhalten in der Kommunikation festgestellt werden, zum Beispiel ob das Kind in dieser oder

---

[136] Vgl. Ulrich, M./Mayr, T.: Sprachverhalten und Interesse an Sprache bei Migrantenkindern in Kindertageseinrichtungen. Begleitheft zum Beobachtungsbogen SISMIK. Breisgau 2004, S. 5.
[137] Vgl. ebd., S. 3.
[138] Vgl. ebd., S. 5f.
[139] Vgl. ebd., S. 5.

jener Umgebung längere sprachliche Äußerungen macht, mehrere oder einzelne Wörter gesprochen werden.[140]

Aufgabe4 hat das Ziel zu beobachten, wie sich das Sprachverhalten des Kindes in der Einrichtung vor dem Hintergrund des häuslichen Umfelds darstellt. Es sollen zum Beispiel konkrete Fragen von den PädagogInnen zum Thema Lebenssituation (Herkunftsland, Beruf der Eltern, Lebensumstände) des Erziehenden geklärt werden. Die Anzahl der Fragen ist unbegrenzt, dadurch kann das Verfahren solange durchgeführt werden, wie es für notwendig erachtet wird. So kann das Kind durchaus auch mehrmalig stundenlang beobachtet werden.[141]

Für die diversen Items werden die Werte in Punkte umgerechnet, sodass auf dem Auswertungsbogen eine Rangordnung entsteht. Es entstehen so sechs Faktoren, welche durch die Items gebildet werden, um sie anschließend auf dem Auswertungsbogen festzuhalten. Bei einer vorherigen Untersuchung wurden 2011 Kinder mit Migrationshintergrund altersspezifisch miteinander verglichen, um so Normen festlegen zu können. Mithilfe dessen konnten PädagogInnen nun ihre SuS grob einordnen. Dies dient jedoch nur zur vagen Einordnung und der tendenziellen Möglichkeit zu einem Vergleich, es reicht jedoch nicht zu einem fundierten didaktischem Zeugnis.[142] Diese qualitative Auswertung bildet den Grundstein für eine Quantifizierung, also den Vergleich mit anderen Kindern, sodass anschließend höhere Ziele, zur individuellen Förderung, angestrebt werden können. Eine Möglichkeit zur individuellen Förderung soll am Fallbeispiel „Beispiel Ahmet" vorgestellt werden.[143] Hier soll deutlich werden, dass – wenn auch nicht im Deutschunterricht – das Kind in einer Kindertagesstätte in beabsichtigten Momenten die deutsche Sprache als Zweitsprache anwenden lernen soll.[144]

Der Fall des 5,5Jährigen Ahmet wird im Begleitheft zum Beobachtungsbogen über *SISMIK* dargestellt. Seine Familie stammt aus der Türkei und hat kaum Kontakt zu

---

[140] Vgl. ebd., S. 9.
[141] Vgl. Schnieders, G./Komor, A.: Eine Synopse aktueller Verfahren der Sprachstandsfeststellung, a.a.O., S. 271.
[142] Vgl. Ulich, M./Mayr, T.: Sprachverhalten und Interesse an Sprache bei Migrantenkindern in Kindertageseinrichtungen. Begleitheft zum Beobachtungsbogen SISMIK, a.a.O., S. 7.
[143] Vgl. Ulich, M./Mayr, T.: Sprachverhalten und Interesse an Sprache bei Migrantenkindern in Kindertageseinrichtungen. Begleitheft zum Beobachtungsbogen SISMIK, a.a.O., S. 9f.
[144] Vgl. Schnieders, G./Komor, A.: Eine Synopse aktueller Verfahren der Sprachstandsfeststellung, a.a.O., S. 267.

seinem Kindergarten, den er seit dem Alter von 3,5Jahren besucht. Nach zwei Jahren wird mit der Beobachtung des kleinen Jungen begonnen und die Ergebnisse lassen folgende Schlüsse zu: Ahmet beteiligt sich rege an Gesprächen, beispielsweise in einer Frühstückssituation, insbesondere in der deutschen Sprache. Auffällig ist, dass er wenig längere Erzählungen über sein zu Hause macht, sondern eher kürzere Zeiträume beschreibt, beispielsweise war er gerade machen möchte oder mit wem er spielen möchte. Er ist also sehr kommunikativ und kann sich in beiden Sprachen gut verständigen. Dennoch schafft er es nicht, einzelne Bilder zu einer Bildergeschichte zusammenzufügen, ebenso fällt ihm das Zuhören, das Gedichte aufsagen und Reimspiele schwer. Es zeigt sich außerdem, dass er zwar Modal- und Hauptverben verwenden kann, dies jedoch nicht in einer „Klammer" tut, sondern beispielsweise umformuliert in: „mag essen viel Brot". Auf die richtige Zuordnung von Artikeln legt er ebenso wenig Wert, wie beim Wortschatz auf eine differenzierte Beschreibung von Gegenständen. Wichtig wäre es für Ahmets pädagogische Betreuung somit, dass diese auf die Anhebung des Sprachniveaus achtet. Das Interesse an der Schriftsprache, die Freude an Texten und Geschichten ist vergleichsweise gering ausgeprägt, sodass vermehrt Reimspiele, das Sammeln von Zaubergeschichten (je nach Interesse), die Einbindung der älteren Schwester, kleinere Theateraufführungen einüben möglich wären.[145]

Es lässt sich soweit festhalten, dass die deutsche Sprache und ihr Erlernen von Kindern mit Migrationshintergrund ein sehr vielschichtiger Prozess ist. Diese Komplexität zeigt sich nicht nur auf der entwicklungspsycholinguistischen Ebene als auch in der vorschulpädagogischen Stufe. Bereiche wie die bereits angesprochene Sprachlernmotivation, der Schriftspracherwerb und kommunikationstheoretische Einsichten, sowie die sozialen und emotionalen Erlebnisse, müssen in dieser Entwicklung berücksichtigt werden.[146]

SISMIK ist ein weitestgehend standardisiertes Verfahren, auch wenn es keinen Evaluationsbericht gibt, so gibt es doch Angaben zur Konstruktion und zur Reliabilität der unterschiedlichen Skalen (sehr gut = über 90, gut = über

---

[145] Vgl. Ulich, M./Mayr, T.: Sprachverhalten und Interesse an Sprache bei Migrantenkindern in Kindertageseinrichtungen. Begleitheft zum Beobachtungsbogen SISMIK, a.a.O., S. 9-11.
[146] Vgl. Fried, L.: Expertise zu Sprachstandserhebungen für Kindergartenkinder und Schulanfänger. Eine kritische Betrachtung, a.a.O., S. 85.

80).[147]Außerdem kann von einer angemessenen Inhaltsvalidität ausgegangen werden, da die Nähe zu den Bildungszielen der Vorschulcurricula durchaus gegeben ist. Die ErzieherInnen gehen selbstständig mit den Fragebögen um und beurteilen selbst, welche auswertbaren Erfahrungen sie bereits mit den Kindern schon gemacht haben. Bei der Auswertung helfen ihnen dann Fallbeispiele, welche sehr differenziert und anschaulich dargeboten werden. Inwieweit mit diesen Informationen die Reliabilität und Objektivität eingehalten wird, ist jedoch nicht garantiert. Sinnvoll scheinen da die Vergleichsnormen, die aus einer überregionalen Stichprobe entstand (N = 2011).[148]

Allem Anschein nach ist dieses Verfahren durchaus für die Praxis empfehlenswert, da es variabel einsetzbar ist. Vergessen werden darf jedoch nicht, dass die Anforderungen an AnwenderInnen durchaus hoch sind, um die schwierigen Beziehungen richtig zu deuten und die Anhaltspunkte nützlich auszuwerten. Roth betont, dass ein weiterer wertvoller Verdienst von *SISMIK* sei, dass „preliteracy – Kompetenzen"[149] verzeichnet werden können, sodass eine frühzeitige Förderung in der Bildungssprache möglich ist.

6. Unterstützende Maßnahmen zur Senkung der Bildungsunterschiede

a. Umgang mit Mehrsprachigkeit

Die Einwanderung ausländischer Familien, sowie die Flüchtlingshilfe ist heute mehr denn je Inhalt der Medien. Die Vielfältigkeit der Menschen die in Deutschland leben, macht sich durch unterschiedliche Werte, Erfahrungen, Kultur und natürlich auch in der Sprache bemerkbar. Diese verschiedenen „Ressourcen" sollten optimal gefördert werden, da in ihnen viel Potenzial steckt.

Die Mehrsprachigkeit kann man sowohl als einen momentanen gesellschaftlichen Zustand begreifen, aber auch als Eigenschaft, oder als Produkt einer langen

---

[147]Vgl. ebd.
[148]Vgl. ebd.
[149]Vgl. Roth. H.: Verfahren zur Sprachstandsfeststellung – ein kritischer Überblick, a.a.O., S. 38.

Entwicklung. Als Eigenschaft kann sie Menschen zugeordnet werden, die zwei oder mehr Sprachen beherrschen. Als Produkt der Bildung kann Mehrsprachigkeit verstanden werden, wenn eine Person eine andere als die der Muttersprache Sprache spricht. Das Erlernen einer neuen Sprache ist ein komplexer Prozess, bei dem sprachliche Kompetenzen erworben werden, beispielsweise durch das Feststellen von Ähnlichkeiten der Sprachen untereinander. Es entstehen aber auch „Reibungsverluste" da so qualifizierte Personen nicht nur über Sprachwissen, sondern dadurch auch über Fachwissen, kulturelle Kenntnisse oder situative Erfahrungen verfügen können.

Die heutigen Studien belegen, dass Mehrsprachigkeit eine geistige Flexibilität ermöglicht, kognitiv leistungsfähiger und aufnahmefähiger macht. Menschen, die sozusagen von Geburt an mit mehr als einer Muttersprache aufwachsen, werden von der Wissenschaft als Personen mit „doppeltem Erstspracherwerb" bezeichnet. Dabei ist bei Kindern eine Differenzierung durchaus sinnvoll, also zwischen Familien- und Umgebungssprache (siehe Kapitel 2a und 2b).[150]

Obwohl Mehrsprachigkeit in der Forschung durchaus als anerkannter Vorteil gilt, bleibt die Beziehung der deutschen Bevölkerung zur Mehrsprachigkeit oftmals schwierig. Da das deutsche Bildungssystem in der Regel noch einsprachig orientiert ist, von wenigen langsam sich entwickelnden bilingualen Schulen einmal abgesehen, ist das für immer weiter wachsende Zuwandererzahlen eher hinderlich. Es scheint, als würde Mehrsprachigkeit als Gefahr gesehen, weil eine zwei- oder mehrsprachliche Entwicklung der nicht eigenen Muttersprache als bloß geringfügiges Beherrschen beider Sprachen, angesehen wird. Zudem kommt hinzu, dass nicht alle Sprachen das gleiche Prestige in der Öffentlichkeit genießen. So ist Englisch oder Französisch in unserer Gesellschaft durchaus angesehen, wohingegen eine Sprache wie die Türkische als eher weniger wertvoll betrachtet wird.

Natürlich darf die ökonomische Bedeutung einer Sprache hierbei nicht vergessen werden und auch der kulturelle Einfluss spielt eine wichtige Rolle. Englische Begriffe fließen immer mehr „eingedeutscht" in unsere Sprache ein, sodass mancher

---

[150]http://www.goethe.de/lhr/prj/mac/msp/de1396470.htm, aufgerufen am 16.09.2014 um 16.15Uhr.

Jugendlicher den deutschen Begriff nicht mehr kennt. Das ist mit türkischen Wörtern kaum vorstellbar, nicht nur, weil das Ansehen fehlt, sondern da schon die Aussprache für viele ein Problem darstellen dürfte. Jedoch scheint der Aspekt des Prestiges im deutschen Bildungssystem eine wichtige Rolle zu spielen, denn nur „anerkannte" Sprachen werden in den Elementar- und Primarbereichen, sowie der Sekundarstufe gefördert. [151]

Wie ein Fortschritt im Bildungssystem erreicht werden kann, soll im nächsten Kapitel am Beispiel der *SchlaU – Schule* in München gezeigt werden, da hier jungen Menschen und Flüchtlingen ein neuer Weg geebnet wird.

b. Die *SchlaU – Schule* in München

Wenn man nun zusammenfassend die kritische Position der SuS im deutschen Bildungssystem, die genannten Erklärungsansätze, die unterschiedlichen Sprachstandsfeststellungsverfahren und ihre Resultate sieht, so erkennt man einen eindeutigen Verbesserungsbedarf in der individuellen Sprachförderung von Migrationskindern.[152] Die Zahlen der Praxis in den Elementar- und Primarbereichen, sowie den Sekundarstufen, die Werte der Übertritte in eine weiterführende Schule und die Bildungsabschlüsse der SuS (auch im internationalen Vergleich) zeigen deutlich, dass zwei- und mehrsprachige Kinder zwingend mehr gefördert werden müssen.[153]

Es müssen weiterhin sowohl schulinterne als auch schulexterne Maßnahmen gesucht werden, um die Konzeption zu verbessern und schlechte Einflüsse zu verringern. In diesem Kapitel soll nun eine Möglichkeit aufgezeigt werden, wie diese beiden Bereiche Hand in Hand ein besseres Bildungsangebot schaffen und die Entwicklung der Schullaufbahn von SuS mit Migrationshintergrund positiv verändern können. Vorgestellt werden soll nun die *SchlaU – Schule* (**schula**naloger Unterricht für junge

---

[151]http://www.zweisprachigkeit.net/zweisprachigkeit_ist.htm aufgerufen am 18.09.2014 um 16.40Uhr.
[152]Vgl. Kuhs, Katharina: Deutsch als Zweitsprache im Elementarbereich: Ansätze zur Sprachförderung. In: Gogolin, I. et al. (Hrsg.): Migration und sprachliche Bildung. Münster 2005. S. 205.
[153]Vgl. ebd., S. 206.

Flüchtlinge) in München, welche jungen Flüchtlingen zu einer neuen Zukunft verhilft, indem sie diese in das deutsche Bildungssystem eingliedert, beispielsweise durch die Förderung bis zum Schulabschluss und durch die Vermittlung einer Ausbildung, und ihnen so neue Türen öffnet. Dass dies zu funktionieren scheint, wird beispielsweise durch die Verleihung des Deutschen Schulpreises 2014 bestätigt. Dieses Projekt ist natürlich sehr außergewöhnlich, da ihre Leistungen und die Unterstützung des Bildungssystems hervorstechen, sodass ich es gerne in meine Zulassungsarbeit aufnehmen möchte.

Die *SchlaU – Schule* in München hat es sich, zusammen mit dem Trägerkreis Junge Flüchtlinge, zur Aufgabe gemacht, minderjährige und unbegleitete Flüchtlinge zu unterstützen. Die Schule wurde im Jahr 2000 gegründet, dass in der Regel 16-21 Jährige betreut und in Ausnahmefällen auch bis zu 25 Jahren. Die Institution wird von öffentlichen Geldern, Stiftungen und Spenden getragen, sodass ein Budget von 1,5 Millionen Euro derzeit vorhanden ist. Im Jahr 2013/2014 beträgt die Zahl der Schüler 225, die in bis zu 15 Klassen analog ihren Hauptschul- und Mittelschulabschluss in Bayern erreichen können. Jährlich sind es inzwischen 60 Absolventen und in den letzten Jahren konnten 1500 Kinder betreut werden. Diese Schule ermöglicht es den Jugendlichen somit, sich in das deutsche Bildungssystem langfristig einzugliedern, da mit einem Abschluss die Türen für eine Weiterbildung offen stehen und der Schritt in die Gesellschaft getan werden kann.[154]

Grundsätzlich ist zwar in allen Bundesländern für Kinder mit mangelnden Deutschkenntnissen ein Förderunterricht vorgesehen, jedoch schwankt das tatsächliche Angebot von Bundesland zu Bundesland erheblich.[155] Die *SchlaU – Schule* gliedert ihre Schüler in Klassen ein, indem sie zu Beginn schriftliche und mündliche Sprachtests durchführt, um so den Sprachstand einzuschätzen und die Jugendlichen in ein durchlässiges Klassenstufensystem einzuordnen. Zudem werden sie in unterschiedliche Abstufungen eingeteilt, um unter anderem die Geschwindigkeit des Unterrichts zu differenzieren: Die Alphabetisierungs-, Grund-,

---

[154]http://www.schlau-schule.de/lehrkonzept/so-arbeitet-schlau.html aufgerufen am 18.09.2014 um 18.04Uhr.
[155]Vgl. Baumert, J.; Stanat, P.; Watermann, R. (Hrsg.): Herkunftsbedingte Disparitäten im Bildungswesen. Vertiefende Analysen im Rahmen von PISA 2000, a.a.O., S. 260.

Mittel-, und Abschlussstufe. Je nach Entwicklung der einzelnen SuS, können sie auch während des laufenden Schuljahres in eine passendere Klassestufe wechseln. Mangelnder Lernmotivation, sowie Überforderungsängsten können so offen begegnet werden. Auch wenn ein (noch übliches) Durchfallen im Bildungssystem hier nicht möglich ist, so werden dennoch regelmäßig Leistungserhebungen und Zeugnisse ausgeteilt. Das Leitbild der Schule (siehe Anhang Nr. 2) vermittelt klar, dass nur mit den Eckpfeilern der Selbstständigkeit, einem gesunden Selbstwertgefühl, dem Zugang zu Bildung und Gesellschaft, Ausbildung und Gemeinschaft, das Leben fern von der Heimat gelingen kann beziehungsweise in Deutschland eine neue oder zweite Heimat gefunden werden kann.

Der einstige Ausspruch eines Schülers und heutiges Schulmotto lautet daher: „Wir haben Bock, was zu erreichen!"[156] und dies kann hier mit Sozialarbeit, Nachhilfe, individuellen Beratungsstunden, Unterstützung in der beruflichen Orientierung - aber auch durch das Setzen von Grenzen, erreicht werden.

Und auch nach ihrem Schulabschluss werden viele noch weiter durch eine Ausbildungsbetreuung begleitet, da aufgrund ihrer persönlichen Erlebnisse manchen die weitere Eingliederung schwerer fällt.[157] Das Lehrerkollegium besteht aus 31 LehrerInnen, wobei neben dem Trägerkreis auch noch einige Schulpädagogen und Schulpsychologen vor Ort sind, um den Kindern eine vielseitige individuelle Betreuung schenken zu können. Die oft traumatisierten Kinder stammen aus ungefähr 70 unterschiedlichen Ethnien, die es in den kleinen Klassen zu vereinen gilt. Das ist nur mit gegenseitiger Toleranz (auch von Lehrerseite) möglich, da häufig neue Hiobsbotschaften aus den Krisengebieten eintreffen, sodass die jungen Menschen häufig oftmals erneute Rückschläge erleiden und manche sehr geschockt sind, aber auch in noch anderen ernsten Situationen das professionell geschulte Auge der PädagogInnen gefragt ist. Hierfür besuchen die ErzieherInnen regelmäßig Intervisionen, bei denen nicht nur alltägliche Schulprobleme Thema sind, sondern auch beispielsweise der Umgang mit Depressionen bei SuS. Dafür muss Zeit für die

---

[156] http://www.schlau-schule.de/lehrkonzept/paedagogisches-leitbild.html, aufgerufen am 18.09.2014 um 18.20Uhr.

[157] http://www.schlau-schule.de/lehrkonzept/so-arbeitet-schlau.html, aufgerufen am 18.09.2014 um 18.30Uhr.

Verbesserung der Schulentwicklung und des Qualitätsmanagements jeweils am Anfang und am Ende des Schuljahres fix eingeplant werden.[158]

Da das Projekt so erfolgreich funktioniert und inzwischen nur 600 von 2000 Jugendlichen einen Platz erhielten, stehen nun Überlegungen im Raum diese „Schulart" auch in Dortmund oder in Berlin zu etablieren.[159]

Die oben genannten Maßnahmen der *SchlaU – Schule* in München zeigen deutlich, dass sich die Schule sehr bemüht, die Kompetenzen der einzelnen SuS mit Migrationshintergrund in verschiedenen Lebensbereichen zu verbessern. Sie reagiert unmittelbar beim Eintritt auf die Individualität der Schüler und unterstützt sie mit vielen verschiedenen kleinen Förderungsschritten, die langfristig zum Tragen kommen. Außerdem bleibt die Schule nicht stehen, sondern nimmt immer wieder Verbesserungsversuche vor und motiviert ihre SuS zu neuen Projekten und neuen Lebensabschnitten – vielleicht ein möglicher Grund für die „100% Erfolgsquote" im Jahr 2006 und den darauffolgenden Anerkennungen.[160] Mangelnde Sprachkenntnisse stellen hier kein Hindernis dar, sondern sind Ansatzpunkt für jeweils individuelle Fördermaßnahmen, bei denen unter anderem auch unterschiedliche Lerntempi berücksichtigt werden.

Genau das ist es, was auch die Forschung fordert: Heterogenität bei unterschiedlichen Sprachkompetenzen als Lernchance, doch dazu müssten die Strukturen der Schulen als auch das System in Deutschland sich ändern. Nach Pommerin-Götze müssten folgende Punkte viel mehr verdeutlicht, verinnerlicht und dementsprechend gehandelt werden:[161]

- Flexibilisierung des starren dreigliedrigen Schulsystems
- Mehr Schulautonomie
- Verlängerung der Grundschulzeit um weitere zwei Jahre
- Individuelle Förderung von schwachen und leistungsstarken Schülern

---

[158] http://www.schlau-schule.de/lehrkonzept/schulentwicklung.html, aufgerufen am 18.09.2014 um 19.00Uhr.

[159] http://www.welt.de/regionales/muenchen/article124995517/Wenn-Fluechtlinge-zu-Schuelern-werden.html aufgerufen am 19.09.2014 um 9.08Uhr.

[160] http://www.schlau-schule.de/ueber-uns/chronik-der-schlau-entwicklung.html aufgerufen am 19.09.2014 um 10.15Uhr.

[161] Vgl. Pommerin-Götze, G.: Zur Bildungssituation Jugendlicher mit Migrationshintergrund. a.a.O. S. 155.

- Kein Sitzenbleiben
- Öffnung des Unterrichts und engere Zusammenarbeit mit außerschulischen Experten
- Individuelle Evaluationsformen kommunikativer Kompetenzen und sprachliches Wissen durch
- Sprachportfolios sowie systematische Förderung von Mehrsprachlichkeit

7. Fazit

Die signifikanten Probleme, die im deutschen Bildungssystem durch die anhaltenden Migrationen immer stärker werden, drangen erst schleichend in das Bewusstsein der Bevölkerung und der Politik. Das liegt ein Stück weit daran, dass die Frage der Deutschsprachkompentenzen von Migranten zunächst in der ersten Phase der Migration (bei den sogenannten Gastarbeitern) nicht als wichtig erachtet wurden, mit der Antwort, sie würden sowieso in absehbarer Zeit in ihr Heimatland zurückkehren. Erst im Laufe der Zeit stellte sich heraus, dass eine Rückwanderung nicht geschehen würde und eine Integration der Kinder in die Schule unausweichlich war. Diese dauerhafte Aufgabe ist eine schwierige und sie existiert bis heute, was spätestens nach den Publikationen der *PISA-Studie* feststeht. Die Bildungspolitik hat es mehr als denn je zur Aufgabe, auf diese enorme Herausforderung in der Schulorganisation, aber auch schon in der Vorbereitung der Lehrer in den Studiengängen einzugehen. Die Studien sind lediglich ein Indiz dafür, dass es in den letzten Jahrzehnten offenbar nicht hinreichend gelungen ist, auf die Problematik der vernachlässigten Bildungsbeteiligung der Kinder mit Migrationshintergrund angemessen zu reagieren. Die Sprachkompetenzen im Bereich Deutsch sind bislang zu schlecht, um hinreichend im Bildungssystem Erfolg zu erlangen. Die Chancengleichheit gilt bis heute als einer der wichtigsten Leitsätze des deutschen Bildungssystems - es ist sogar im Grundgesetz festgehalten, dass „niemand wegen seines Geschlechts, seiner Abstammung, seiner Rasse, seiner Sprache, seiner Heimat und Herkunft und seines Glaubens benachteiligt oder bevorzugt werden darf"[162]. Und dennoch lässt sich feststellen, wie Kinder mit Migrationshintergrund in der Bundesrepublik im

---

[162] Vgl. Jarass D./Pieroth B.: Grundgesetz für die Bundesrepublik Deutschland – Kommentar, Münster 2004, S. 154.

Durchschnitt mit einer geringeren Zahl von Schuljahren und einem dürftigen Abschluss das Schulwesen verlassen – was sowohl für das persönliche Ansehen auf dem Arbeitsmarkt als auch in der Gesellschaft Folgen hat. Sie werden aber bereits im Grundschulwesen zurückgestellt, wenn es um die Einschulung geht und bekommen deutlich häufiger eine Empfehlung für die Hauptschule als deutsche Kinder. Dies ergibt sich allerdings nur zum Teil aus ihren Noten in Deutsch und Mathematik. Dass Kinder mit Migrationshintergrund eine schwächere Lesekompetenz haben als deutsche, auch wenn sie in Deutschland geboren wurden und ihre gesamte Schullaufbahn absolviert haben, wurde in der Arbeit gezeigt. Ebenso wurde gezeigt, dass Migrationskinder prozentual betrachtet genauso oft ohne einen Abschluss die Schule verlassen, wie deutsche Kinder die Hauptschule ohne Abschluss. Auch wurde der Frage um die Bedeutung der unterschiedlichen Nationalitäten nachgegangen, jedoch wurde dies eher spekulativ mit den kulturellen Zusammenhängen und anderen Hintergründen beantwortet, da die Forschung bislang keine ausdrucksstarken Untersuchungen beisteuern konnte. Wenn man danach fragen möchte, warum diese Kinder in unserem deutschsprachigen Bildungssystem schlechter positioniert sind, dann kann man eine Vielzahl von Gründen nennen. Die Gründe liegen in der Einreise, die unklare Dauer des Aufenthaltes, der Bildung der Eltern, der Wohnumgebung des Lernenden, der Schule selbst und natürlich der Bildungspolitik. Häufig sind Stimmen in der Öffentlichkeit zu hören, die die Schuld bei den ausländischen Familien suchen – jedoch haben Studien belegt, dass die Konzeption der Schule, die (starke) Selektivität in den Schulen und auch hier die politischen Entschlüsse keinen geringen Einfluss daran haben. Diese vielfältigen Schwierigkeiten sind Teil der immensen Leistungsunterschiede von deutschen Kindern und anderssprachigen. Diefenbach und Pommerin-Götze sind wenige Autoren von vielen, die nach neuen Lösungsansätzen suchen, da sie die vielschichtigen Probleme erkannt haben. Sprachförderungsmaßnahmen, wie sie beispielsweise an der vorgestellten Münchner Schule angewendet werden, sind von immenser Bedeutung, um den Kindern die unabdingbaren kommunikativen Handlungskompetenzen zu ermöglichen. Hierfür wurden in der Arbeit die unterschiedlichen Arten der Sprachstandfeststellungsverfahren dargeboten, sowie am Beispiel *SISMIK* veranschaulicht. Probleme mit mehrsprachigen Kindern im heutigen Bildungssystem könnten hiermit, wenn sie denn verschärft Anwendung finden würde, frühzeitiger erkannt und gemildert werden. Denn wie eingangs von der Bildungspolitik bestätigt wurde, ist die deutsche Sprache „Schlüssel zum Bildungserfolg" und zur Teilhabe in der heutigen Gesellschaft. Sprachförderung greift jedoch nur, wenn sie frühzeitig und individuell diagnostiziert und umgesetzt wird. Der persönliche Sprachstand des Einzelnen muss Ausgangspunkt sein für die Unterstützung, die bislang oft nur im Elementar- und Primarbereich erfolgt. Dieser Ansatz ist zwar sicherlich richtig und bedeutsam, es darf jedoch nicht nur dabei bleiben.

Das vorgestellte Sprachstandfeststellungsverfahren *SISMIK* ist speziell auf junge Kinder mit Migrationskinder ausgerichtet und orientiert sich überwiegend nach den bekannten Gütekriterien der klassischen Testtheorie und besitzt ein breites Umsetzungsfeld. Die Vielzahl an Sprachstandfeststellungsverfahren, welche die Basis einer Förderung sein können, werden im Anhang Nr. 3 dargeboten, jedoch sind diese nur unterschiedlich vorteilhaft in der Praxis einsetzbar. Der Vorteil jedoch ist, dass hier sämtliche Altersstufen einbezogen und sogar die Eltern berücksichtigt werden. Auch wenn es keine eindeutigen Studien über den langfristigen Erfolg dieser Förderungsmaßnahmen vorhanden ist, so kann man trotz einiger Mängel davon ausgehen, dass sie unterstützend wirken. Die Schulen allein, können jedoch nicht genügend Änderungen vornehmen, dafür muss die Bildungspolitik umdenken, denn nur in Deutschland sind die Bildungsetats so ungleich verteilt: Die Schulen sind unterfinanziert, Kindergärten müssen selbst bezahlt werden und mehr als 80% des Geldes für Bildung wird für Lehrergehälter ausgegeben. Finnische PädagogInnen, bekommen im Schnitt ein Drittel weniger und können/wollen den Schulen dennoch zu besten Leistungen verhelfen. Millionen von Arbeitern, Eltern, Kindern, sowie die kommende Generationen gilt es zu integrieren, um die politisch-ökonomischen Veränderungen und die Verbesserung sprachlicher Bildung zu verknüpfen. Die tagtägliche Umsetzung erfolgt zum größten Teil in den Schulen, denn sie macht die jungen Menschen mit (mehr als) Schrift und Sprache vertraut. Es gilt jedoch nicht nur im Bildungssystem Veränderungen anzustoßen, sondern auch in der Gesellschaft und im eigenen Bewusstsein selbst, denn:

„Migration ist nicht nur eine Bedrohung, sondern eine Chance, wenn man Migration als bereicherndes Element für die kulturelle Bildung sowohl für die Migranten als auch der Einheimischen versteht. […] Zweisprachigkeit und Mehrsprachigkeit werden weder als Wert anerkannt noch systematisch gefördert. Interkulturelle Bildung und Erziehung in der Schule sind ein Schritt in die richtige Richtung, denn sie müssen als integraler Bestandteil allgemeiner Bildung, als Schlüsselqualifikation für alle SchülerInnen verstanden und als gemeinsame Aufgabe aller Bereiche des Bildungswesens definiert werden."[163]

II. Literaturverzeichnis

Baumert, J.; Stanat, P.; Watermann, R. (Hrsg.): Herkunftsbedingte Disparitäten im Bildungswesen. Vertiefende Analysen im Rahmen von PISA 2000, Wiesbaden 2006.

Beauftragte der Bundesregierung für Migration, Flüchtlinge und Integration (Hrsg.): Förderung von Migranten und Migrantinnen im Elementar- und Primarbereich. Dokumentation der Fachtagung am 07. März 2003 in Berlin, Berlin/Bonn 2003.

Beauftrage der Bundesregierung für Migration, Flüchtlinge und Integration (Hrsg.): Daten – Fakten – Trends. Bildung und Ausbildung. Berlin 2005.Bos, W. et al. (Hrsg.): Erste Ergebnisse aus IGLU. Schülerleistungen am Ende der vierten Jahrgangsstufe im internationalen Vergleich, Münster 2003.

Becker, R./ Lauterbach, W.(Hrsg.): Bildung als Privileg – Ursachen, Mechanismen, Prozesse und Wirkungen, In: Becker, R./Lauterbach, W.(Hrsg.): Bildung als Privileg. Erklärungen und Befunde zu den Ursachen der Bildungsungleichheit, Wiesbaden 2007, S. 9 – 43.

Bundesministerium für Familie, Senioren, Frauen und Jugend (Hrsg.): Familien ausländischer Herkunft in Deutschland. Leistungen, Belastungen, Herausforderungen – Sechster Familienbericht, Berlin 2000.

Deutsches PISA-Konsortium (Hrsg.): PISA 2000. Basiskompetenzen von Schülerinnen und Schülern im internationalen Vergleich, Opladen 2001.

Deutsches PISA-Konsortium (Hrsg.): PISA 2003. Der Bildungsstand der Jugendlichen in Deutschland – Ergebnisse des zweiten internationalen Vergleichs, Münster 2004.

Diefenbach, H.: Kinder und Jugendliche aus Migrantenfamilien im deutschen Bildungssystem. Erklärungen und empirische Befunde, Wiesbaden 2007.

---

[163] Vgl. Herwartz-Emden, L.: Einwanderkinder im deutschen Bildungswesen. a.a.O. S. 706.

Dimroth, C.: Zweitspracherwerb bei Kindern und Jugendlichen: Gemeinsamkeiten und Unterschiede, In: Anstatt, T.: Mehrsprachigkeit bei Kindern und Erwachsenen. Erwerb – Formen – Förderung, Tübingen 2007.

Ehlich, K.: Sprachaneignung und deren Feststellung bei Kinder mit und ohne Migrationshintergrund: was man weiß, was man braucht, was man erwartet, In: Bundesministerium für Bildung und Forschung (Hrsg.): Anforderungen an Verfahren der regelmäßigen Sprachstandsfeststellung als Grundlage für die frühe und individuelle Förderung von Kinder mit und ohne Migrationshintergrund, Bonn/Berlin 2007.

Enzensberger, H.: Die große Wanderung, 1994, S. 9f.

Fried, L.: Sprachstandsdiagnostik und -förderung bei Kindergartenkindern. URL: http://miami.uni-muenster.de/servlets/DerivateServlet/Derivate3-821/Fried_Grundschulkolleg.pdf.

Gogolin, I; Krüger-Potratz, M.: Einführung in die Interkulturelle Pädagogik, Opladen 2006.

Gogolin, I.: Der monolinguale Habitus der multilingualen Schule, Münster/New York 1994.

Gomolla, M./Radtke, F.: Institutionelle Diskriminierung in der Schule. In: Gogolin, I./Nauck, B. (Hrsg.): Migration, gesellschaftliche Differenzierung und Bildung, Opladen 2006, S. 321 - 341.

Günther, B./Günther H.: Erstsprache und Zweitsprache. Einführung aus pädagogischer Sicht, Weinheim/Basel 2004.

Herrlitz, H., Wulf/T., Hartmut: Deutsche Schulgeschichte von 1800 bis zur Gegenwart, Weinheim/München 1993.

Herwartz-Emden, L.: Einwandererkinder im deutschen Bildungswesen, In: Cortina, K.S. et al. (Hrsg.): Das Bildungswesen in der BRD. Strukturen und Entwicklungen im Überblick, Hamburg 2005, S. 661 – 709.

Herwartz-Emden, L.: Migrant/-innen im deutschen Bildungssystem, In: Bundesministerium für Bildung und Forschung (Hrsg.): Migrationshintergrund von Kindern und Jugendlichen. Wege zur Weiterentwicklung der amtlichen Statistik, Bd. 14, Bonn/Berlin 2007, S. 7 - 24.

Ingenkamp, K.; Lissmann, U. (Hrsg.): Lehrbuch der Pädagogischen Diagnostik. 6. Auflage, Weinheim/Basel 2008.

Jarass D./Pieroth B.: Grundgesetz für die Bundesrepublik Deutschland – Kommentar, Münster 2004. S. 154.

Kinder, Hermann: Atlas zur Weltgeschichte, 2009, S. 118.

Kniffka, G./Siebert-Ott, G.: Deutsch als Zweitsprache. Lehren und lernen. Weinheim 2007.

Korte, E.: Die Rückorientierung im Eingliederungsprozess der Migrantenfamilien, In: Hartmut, E./Friedrichs, J. (Hrsg.): Generation und Identität. Opladen 1990, S. 207 - 259.

Kuhs, Katharina: Deutsch als Zweitsprache im Elementarbereich: Ansätze zur Sprachförderung, In: Gogolin, I. et al. (Hrsg.): Migration und sprachliche Bildung, Münster 2005.

Kultusministerkonferenz und Bundesministerium für Bildung und Forschung (Hrsg.): Bildung in Deutschland. Ein indikatorgestützter Bericht mit einer Analyse zur Bildung und Migration, Bielefeld 2006.

Kultusministerkonferenz und Bundesministerium für Bildung und Forschung (Hrsg.): Bildungsbericht für Deutschland. Erste Befunde, Berlin 2003.

Kultusministerkonferenz und Bundesministerium für Bildung und Forschung (Hrsg.): Bildung in Deutschland 2008. Ein indikatorengestützter Bericht mit einer Analyse zu Übergängen im Anschluss an den Sekundarbereich I, Bielefeld 2008.

Lanfranchi, A.: Schulerfolg von Migrationskindern. Die Bedeutung familienergänzender Betreuung im Vorschulalter, Opladen 2002.

Leist, A.: Sprachförderung im Elementarbereich. In: Bredel, U. et al. (Hrsg.): Didaktik der deutschen Sprache. Band 2, Paderborn 2006, S. 673 - 683.

Mecheril, P.: Die Schlechter-Stellung der Migrationskinder – Schule in der Migrationsgesellschaft, In: Mecheril, P.: Einführung in die Migrationspädagogik, Weinheim/Basel 2004, S. 133 - 175.

Merkel, Andrea: Rede beim internationalen Symposium „Integration durch Bildung". Berlin 2007. Siehe hierzu: http://www2.hu-berlin.de/francopolis/germanopolis/db/sisdb.cgi?ID=1728&db=dt&login=Gast&pers =Griesel&pw=guest&userid=guest&view_records=1&ww=onru&lang=it

Nauck, B.; Diefenbach, H.; Petri, K.: Intergenerationale Transmission von kulturellem Kapital unter Migrationsbedingungen. Zum Bildungserfolg von Kindern und Jugendlichen aus Migrantenfamilien in Deutschland. Zeitschrift für Pädagogik. H, 44/1998, S. 701 - 722.

PISA 2006: Schulleistungen im internationalen Vergleich. Naturwissenschaftliche Kompetenzen für die Welt von morgen.,2007 OECD, S. 204f.

Pommerin-Götze, G.: Zur Bildungssituation Jugendlicher mit Migrationshintergrund, In: Frederking, V. et al. (Hrsg.): Nach PISA: Konsequenzen für Schule und Lehrerbildung nach zwei Studien, Wiesbaden 2005, S. 143 - 160.

Quirill, Rosemarie: dtv-Lexikon in 24 Bänden, Band 2, Art. „ausländische Arbeitnehmer", S. 185.

Roth, H.: Verfahren zur Sprachstandsfeststellung – ein kritischer Überblick, In: Bainski, C./Krüger-Potratz, M. (Hrsg.): Handbuch Sprachförderung, Essen 2008.

Rösch, H et al. (Hrsg.): Deutsch als Zweitsprache. Grundlagen, Übungsideen, Kopiervorlagen zur Sprachförderung, Braunschweig 2003.

Radler, R.: Das Bertelsmann Lexikon in 24 Bänden, Band 9, Art. „Heimatvertriebene", S. 4174.

Schnieders, G./Komor, A.: Eine Synopse aktueller Verfahren der Sprachstandsfeststellung, In: Bundesministerium für Bildung und Forschung (Hrsg.): Anforderungen an Verfahren der regelmäßigen Sprachstandsfeststellung als Grundlage für die frühe und individuelle Förderung von Kinder mit und ohne Migrationshintergrund, Bonn/ Berlin 2007.

Statistisches Bundesamt (Hrsg.): Bildung im Zahlenspiegel 2006, Wiesbaden 2006.

Statistisches Bundesamt: Bildung und Kultur – Allgemeinbildende Schulen. Schuljahr 2006/2007 (Fachserie 11, Reihe 1, Tab. 6.4), 2007.

Statistisches Bundesamt, Bevölkerung und Erwerbstätigkeit: Bevölkerung mit Migrationshintergrund – Ergebnisse des Mikrozensus 2005, Fachserie 1, Reihe 2.2, Wiesbaden 2007, S. 7.

Thränhardt, D.: Einwandererkulturen und soziales Kapital. Eine komparative Analyse, In: Thränhardt, D./Hunger, U. (Hrsg.): Einwanderer-Netzwerke und ihre Integrationsqualität in Deutschland, Münster 2000, S. 15 - 51.

Ulich, M.; Mayr, T.: Sprachverhalten und Interesse an Sprache bei Migrantenkindern in Kindertageseinrichtungen. Begleitheft zum Beobachtungsbogen *SISMIK*, Breisgau 2004.

III. Quellen aus dem Internet:

Butterwegge, C. Migration in Ost- und Westdeutschland von 1955-2004. Online veröffentlicht unter: http://www.bpb.de/gesellschaft/migration/dossier-migration/56367/migration-1955-2004. Aufgerufen am 1.09.2014 um 12.26Uhr.

Dieckmann, C. Wenn Flüchtlinge zu Schülern werden. Online veröffentlicht unter: http://www.welt.de/regionales/muenchen/article124995517/Wenn-Fluechtlinge-zu-Schuelern-werden.html. Aufgerufen am 19.09.2014 um 9.08Uhr.

Hanewinkler,V./ Engler, M. Die Aktuelle Entwicklung der Zuwanderung in Deutschland. Online veröffentlicht unter: http://www.bpb.de/gesellschaft/migration/dossier-migration/155584/deutschland#footnode2-2. Aufgerufen am 1.09.2014 um 13.05Uhr.

Levecke, B. Die Macht der Sprache. Das Gehirn hat Platz für viele Sprachen. Online veröffentlicht unter: http://www.goethe.de/lhr/prj/mac/msp/de1396470.htm. Aufgerufen am 16.09.2014 um 16.15Uhr.

Statistisches Bundesamt Deutschland: Bevölkerung und Erwerbstätigkeit. Bevölkerung mit Migrationshintergrund – Ergebnisse des Mikrozensus 2005. Erschienen am 4. Mai 2007, Bevölkerung und Erwerbstätigkeit Bevölkerung mit Migrationshintergrund – Ergebnisse des Mikrozensus 2005 –. Aufgerufen als PDF Datei am 28.08.2014 um 12.22Uhr.

Statistisches Bundesamt. Mikrozensus. Online veröffentlicht unter: http://www.bpb.de/nachschlagen/zahlen-und-fakten/soziale-situation-in-deutschland/61646/. Aufgerufen am 1.09.2014 um 12.55Uhr.

Zitzelsberger, O.: Schulkinder aus Migrantenfamilien. Online veröffentlicht unter: http://www.familienhandbuch.de/cmain/ f__Aktuelles/a_Schule/s_774.html. Aufgerufen am 15.08.2014 um 16.30Uhr.

(http://www.ifp.bayern.de/projekte/sismik.html). Aufgerufen am 14.09.2014 um 13.55Uhr.

(http://www.zweisprachigkeit.net/zweisprachigkeit_ist.htm). Aufgerufen am 18.09.2014 um 16.40Uhr.

(http://www.schlau-schule.de/lehrkonzept/so-arbeitet-schlau.html). Aufgerufen am 18.09.2014 um 18.04Uhr.

(http://www.schlau-schule.de/lehrkonzept/paedagogisches-leitbild.html). Aufgerufen am 18.09.2014 um 18.20Uhr.

(http://www.schlau-schule.de/lehrkonzept/so-arbeitet-schlau.html). Aufgerufen am 18.09.2014 um 18.30Uhr.

(http://www.schlau-schule.de/lehrkonzept/schulentwicklung.html). Aufgerufen am 18.09.2014 um 19.00Uhr.

(http://www.schlau-schule.de/ueber-uns/chronik-der-schlau-entwicklung.html). Aufgerufen am 19.09.2014 um 10.15Uhr.